Ивана Зечевић
АУТОБИОГРАФСКИ ТРАГОВИ У ПРОЗИ
ЛАЗЕ К. ЛАЗАРЕВИЋА

Ивана Зечевић
АУТОБИОГРАФСКИ ТРАГОВИ У ПРОЗИ
ЛАЗЕ К. ЛАЗАРЕВИЋА

Издавачи
„Чигоја штампа"
Аутор

За издаваче
Жарко Чигоја
Ивана Зечевић

Припрема и штампа

Чигоја
ШТАМПА

office@cigoja.com
www.chigoja.co.rs

Тираж
200

ISBN 978-86-7558-735-4

Ивана Зечевић

АУТОБИОГРАФСКИ ТРАГОВИ У ПРОЗИ ЛАЗЕ К. ЛАЗАРЕВИЋА

Београд
2010

Лаза К. Лазаревић

1. (Ауто)биографско у прози
Лазе К. Лазаревића

> ... ко га није познавао, тај ће се снебивати, неће се
> брзо разабрати, и то му може сметати уживању.
> Но ко га је познавао, ко се сјећа живога Лазе, тај
> ће пуно уживати од првог часа, тај ће се занијети,
> тај ће му се дивити.
>
> Лаза Костић

„Оно што биографи причају о Лази Лазаревићу и како је он сам себе приказивао, најзад, оно што се dâ погодити и одвојити у целом приповедачком његовом делу, све се то необично поклапа. Његово дело је лично, субјективно, каткад чак и лирско и аутобиографско. Какав је у ствари био Лазаревић, шта је чинило основ његова бића, нигде се боље не види но у једном знатном делу његових приповедака. Он не само да је редовно сликао догађаје које је својим очима видео и људе које је добро познавао, но је врло често за јунака својих приповедака узимао себе сама, и неколико његових приповедака имају у великој мери аутобиографски карактер", тврди Јован Скерлић и додаје: „Главне особине Лазаревићевих приповедака произилазе из његових личних особина. Ретко код кога од наших писаца биографски метод може да буде од толике користи као код њега."[1]

Аутобиографски елементи у прози Лазе Лазаревића чине саставни део скоро сваког његовог текста. Испрва неуочљиви и непрепознатљиви, али подробнијом анализом и изучавањем пишчевог живо-

---

[1] Скерлић, Јован: „Лаза К. Лазаревић", *Писци и књиге II*, Београд, 1922.

та и деловања лако се дође до закључка да је писац много штошта из свог живота пренео у своја дела. Можда му то није био циљ, можда су се сви ти елементи једноставно пројектовали и рефлектовали у написаним реченицама. Али је вероватније, имајући у виду да писац може да буде онолико добар колико добро познаје ствари, људе и догађаје о којима пише, да је Лазаревић намерно уткао у своја дела свој живот, своју свакодневицу. А како живот сачињава прегршт догађаја, у који је уплетено још више људи, свако са својом ћуди, причом и судбином, тако је то поприште са безброј мотива, алатки за настајање сведочанстава о људима и догађајима. Одличан писац, какав је био Лазаревић, све је то искористио и вештим потезима пером преточио у своја дела „зато је цели живот понешто од свог искуства и свакодневних утисака биљежио на папиру и у његовим посмртним хартијама нађени су 'људски документи', биљешке о специфичним сценама, људима, гестовима, успутна запажања, изреке, и све му је то могло служити као грађа за прозно штиво".[2] Много је значајније што из свих тих приповедака и осталих Лазаревићевих дела можемо много сазнати о самом писцу, о коме је написано мноштво текстова, а чији је живот ипак недовољно познат широј јавности.

„Нема сумње да се Лазаревић стваралачки и психолошки пројектовао у свом уметничком делу. На то наводе и честа непосредна обраћања читаоцу кроз приповедање у првом лицу. Кроз његова дела изразито се огледају свест, етички ставови, погледи на живот. То је присутно и у прози многих писаца: Светолика Ранковића, Борислава Станковића, Милутина Ускоковића, Бранимира Ћосића, Иве Андрића. Међутим, код Лазаревићевих претходника и савременика М. П. Шапчанина, П. М. Адамова, С. М. Љубише, М. Глишића, М. Ђ. Милићевића и Ј. Веселиновића, таквог пројектовања писца кроз дело, има знатно мање. Разлог томе је што ови писци нису као ствараоци ни обухватали дубљу психологију личности као душевну област у којој би се свестраније пројектовање једино могло и морало вршити."[3] Из приповедака могу се сагледати Лазаревићева опредељења, склоности и начин мишљења, примања и изражавања утисака из спољашњег света. Кроз своја дела Лазаревић исказује своје наклоности или ненаклоности према одређеним људима, срединама, гестовима, и презентује их читаоцима на својствен начин. Кроз своја дела исказује и

---

[2] Јефтић, Ања: *Приповедања Лазе Лазаревића*. У: *Patriot online*, колумна *Српска књижевност 19. вијека*, чланак 36.
[3] Николић, Милија: *Форме приповедања у уметничкој прози Лазе Лазаревића*, Београд, 1973.

своје особине, међу којима се посебно истичу сензибилност, љубав и племенитост и, уносећи их у своје књижевно дело, он појачава његову вредност. Зато је он проповедник који своје мисли потура својим јунацима. И зато су Лазаревићеви ликови „гласноговорници пишчевих идеја", како их је назвао Милорад Најдановић *(Српски реализам у XIX веку)*, верније од било каквог документарног записа показују не само какав је био као писац већ и какав је био свет у коме је одрастао. Лаза Костић је рекао да уколико нисте познавали Лазу Лазаревића, уколико нисте седели са њим и слушали га како говори, не можете уживати читајући његову прозу: „Ко га није познавао, тај ће се снебивати, неће се брзо разабрати, и то му може сметати уживању. Но ко га је познавао, ко се сећа живота Лазе, тај ће пуно уживати од првог часа, тај ће се занети, тај ће му се дивити."[4] По чему је Костић толико сматрао да је за разумевање књижевног дела Лазе Лазаревића потребно познавати самог писца, шта је то што поистовећује писца са његовим делом и јунацима, покушаћемо да истражимо и увидимо колико има аутобиографских елемената у његовој прози, колико има самог Лазе Лазаревића међу исписаним редовима и обликованим јунацима.

---

[4] Костић, Лаза: „Лаза К. Лазаревић"; *Одабрана дела I*, Нови Сад–Београд, 1962.

2. Одраз друштвено-политичке ситуације и промена у Србији с краја XIX века у Лазаревићевом делу

Не бели се на њему сељачка кошуља, ни на плоту остаје широка стопа од опанака.

На бунару

Какав је био свет у којем је Лазаревић одрастао? Одговор нам могу дати управо његове приповетке, које нам пружају јасну слику србијанске стварности XIX века. Лазаревић је одрастао у времену у коме је капитализам рушио све оне норме и кодексе које су вековима уназад успостављали наши преци. Капитализам је са собом донео пропадање и сиромашење сељака и рушење старинског задружног живота. Појавили су се каишари и зеленаши који су условили пропадање малих трговаца и занатлија. Лазаревић је живео на прелазу између *старог* и *новог*. Старо је тежило и даље животу на патријархалној основи, а ново је претило да све то поруши и изгради другачију стварност, која би ишла у корак са временом, и самим тим уносила прегршт промена и новина: „Ја затварам очи, а дивно видим да је други свијет настао. Доће учеван човјек с којим ја нијесам смио ни говорити. Видим да му не ваљају послови што ради, али ђе ја, прост човјек, смијем ударити на науку! Немој, оче владико, држати више простих попова као ја што сам... што сам био... – Ућута и исхракну се, па једва чујно настави: – Ни ви, браћо, узимати попа који није учеван. Школу одмах зидајте и ђецу учите... Настаје други свијет!" потврђује поп из *Школске иконе*, а исти опис тог новонасталог времена проналазимо и у приповеци

Вучко: „Тада се већ почињало говорити ви једном човеку, и разносити узнемиравајући гласови: да су се појавиле некакве гвоздене фуруне, да се кава у апотекаровој кући не пије из зарфова и филџана, и дуван пуши 'на вишек' али, занати још стојаху на оној широкој патријархалној основи. Што је пак, најважније, не беше у оно доба трговаца који не знађаху како било заната. Василије на пр. одведе свог Јована газда-Јакову, првом трговцу, у кога су се шили јечерме, памуклије, фистани, итд., а уз то још продавао памук, паприка, паунова пера, дуге шишарке, цреп с његове циглане, морокошње и џакови."

Међу народом је било оних који нису могли нити желели да прихвате то ново време и жалили су за „старим добрим данима" кад „људи нису спавали ни седали, већ посртали с носа на уста и с уста на нос; с ногу су јели", радили и стицали, а домаћин био једини судија за све добро и све зло. Други су схватили да је то време прошлост, и ма колико јадиковали за њиме, прихватили су те промене као неминовност, као пут ка бољем и напреднијем животу, вођени тезом Светозара Марковића: „Узалудно је прижељкивање да се врати оно старинско, јер се живот никада не може вратити натраг, не може се поново сабијати у прошле и дотрајале облике."[5] Једни су представници народа који и даље недељом у цркви слави бога, а други они којима то не пада на памет:

„– А како си ти, учитељу?
– Ево ме!
– Знам! А камо те у цркви да пјеваш?
– Нијесам пијан да пјевам!

Поп устукну један корак, наже се напред, па зачкиљи и гледа у учитеља.

– Шта ме гледаш?
– Ништа – вели поп – У цркви се пјасмом слави име божје.
– Па кад ти се слави, а ти га слави! А мене немој дирати!"

Једни су се борили за очување старог времена, а други су желели да унесу промене у то време, и да га начине савременијим:

„– Мислим и кажем да се дијете даде у школу.
– Каку школу? Ко је још видио да женско чељаде иде у школу?
– Е идите у варош, господар и газда Станоје, па ћете виђети. Тамо иду сва ћеца, мушка и женска, и тако је сад вријеме дошло, па ће и по селима почети, па је гри'ота да дијете задоцни. Него

---

[5] Марковић, Светозар: *Србија на истоку*, Ниш, 1972.

ја тако мислим, и кажем да се дијете васпитава, и никако друга-
чије!" *(Школска икона)*

Али, будући да је Лазаревић био на страни старих тековина, сви по-
кушаји да се то старо осавремени били су безуспешни:

„Бош посла! У народу се не може ништа учинити. Заузи-
мајући се за њега, пишући и говорећи, упропастио сам своју
каријеру и спао на то да будем учитељ!... Овде су сви моји по-
кушаји јалово испали. Народ је глуп и затуцан! Имају једног по-
пенду, који је још с два три капиталиста притиснуо пола села,
а све благочастивим намјештањем. Он са овим капиталистима
експлоатише сељака, – подржава га све јаче у глупости, – а сам
ништа не ради! Хоћу да пресвиснем гледајући ову неправду!"
(Школска икона)

Лазаревића не занимају позитивне стране свих новонасталих
промена. Није се ни запитао да ли су оне боље за сељака, нити би
помислио да поп може да ради на штету својих парохијана. Иако је
сам написао „мијења се штошта у селу – време чини своје", њега не
занима то ново нити општи прогрес којим су се кретале све земље, па
и наша. Он својим делима упућује и упозорава на оно што нестаје до-
ласком тог новог времена. Капитализам је видео као претњу старим
временима, као нешто што са собом односи старе обичаје, односи
навике које су биле попут неког неписаног закона. Капитализам је
из основа мењао и неповратно рушио све оно што је патријархална
заједница годинама стварала и за шта се залагала, а залагала се за
морал, васпитање, одговорност и обавезе према старијима, према по-
родици и огњишту. Капитализам је продирао и из основа мењао по-
стојећи поредак, а донео је осиромашење и пропадање сеоских задру-
га, променио је економски лик Србије: натурална привреда уступала
је место новчаној. Више није важила изрека *занат је златан*, јер су
занати пропадали и занатлије су биле осуђене на пропаст, на живо-
тарење или потпуно пропадање: „Ја сам због ових оскудних времена
продао све што сам имао", сведочи Благоје казанџија.

Новац господари људима и њиховим душама, нестају сељаци
који један другом дају новац у четри ока и не знају за менице. Та
похлепа за новцем формира мрачне асоцијалне типове, зеленаше, и
сељаци постају њихове жртве. Све то чини саставни део Лазареви-
ћеве прозе. Многе мисли Светозара Марковића постале су основни мо-
тиви приповедака, поготово што је и он био у могућности да непо-
средно упоређује стање на западу, тј. у Немачкој, са оним у Србији. У
Србији је баш тај патријархални начин живота чувао народ од рђавих

и срамних делања и одржавао морал, који је обезбеђивао чист образ и мирну савест. Јер, како сведочи Најдановић у књизи *Српски реализам у XIX веку:* „У српском народу весеље се никада не претвара у пијанство, а љубав се никада не претвара у разврат."[6] „У српском патријархалном друштву не беше никада проституције, ни пауперизма, у којима труле хиљадама људи на Западу", потвђује и Светозар Марковић. Сви покушаји проституције били су строго кажњавани. Кнез Милош је својевремено наредио да се „те несрећнице даве бацањем у Саву", (иако нема трага да су се Српкиње бавиле „најстаријим занатом"). Наредио је и дављење подводачица, такозваних „пеза", те су страдале многе Влахиње, Гркиње, Циганке, Јеврејке, Левантинке.[7]

Оно што није давало појединцу да подлегне чарима Запада, да се повинује неким друштвеним болестима и штитило га од тога били су породица и општинска узајамност. То се може најбоље доказати на примеру *Школске иконе*. Маринин одлазак не жели да спречи само отац, већ и читава заједница, читаво село је спремно да крене у потеру за њом, да у своје стадо врате ту заблудлу овцу, која не зна шта ради:

„Народ се искупио. Чудно да млађи људи, ма колико да вољели Мару, сматраше цијелу ствар за изгубљену, и да није старијих људи, не би можда ни у потјеру ишли. Али старији бацају пушке, сједају на кола и трче изван села." *(Школска икона)*

Породична љубав васпитава, и буди племенитост и осећања у човеку. Када човек није самохран у свету, када је вољен и када воли, тада је живот сваком милији и потпунији. Братска помоћ и љубав пријатеља и познаника још више шири и крепи ова осећања у човеку. Марковић је устао и против схватања да „личност може да се усавршава тек пошто оснује оделито газдинство и пошто се унишите патријархални обичаји и предрасуде што оковају развитак личности у породици". То се може доказати и на једном конкретном примеру из приповетке *Вертер*. Приповетка је сва у духу Марковићевих схватања. Њена тенденција је одбрана оних „породичних веза" и „патријархалних односаја" и супротстављање стању као што је на Западу, где се љубав „претвара у разврат", о чему говори Светозар Марковић у *Србији на Истоку*.[8] Младенова, односно Лазаревићева, проповед против „бенастих ламентација", „болесне фантазије", „немачке романтике" и „болесног нагваждања" у *Вертеру*, као слици друштва

---

[6] Најдановић, Милорад: *Српски реализам у XIX веку*, Београд, 1962.
[7] Видоје Голубовић: *Старе кафане Београда*, Београд, 2005.
[8] Марковић, Светозар: „Србија на Истоку", *Целокупна дела Светозара Марковића*, књ. 8, Београд, 1995.

које је „цело болесно и лудо", и апеловање да се „излива поетски таленат" у приказивању љубави која је „племенита, чиста, здрава" – умногоме одговарају и Марковићевим литерарним назорима. Овај фрагмент из *Вертера* као да је парафраза Марковићевих ставова из *Певања и мишљења*:

„Катанић заметну разговор о поезији уопште. Његов љубимац беше Његош.
– Видите здраве поезије!
Он поче местимице декламовати Горски Вијенац.
– То је здраво! Здрава је Марсељеза, здрав је Дон Кихоте! А то! – он лупи шаком по Вертеру. То је само сентименталан пиварски трбух."

Светозар Марковић,
политичар, политички мислилац и писац,
оснивач социјалистичког покрета у Србији
и први теоретичар реализма у српској литератури

Овакво стање у Србији за време књижевног рада Лазе Лазаревића у многоме се огледа у скоро свим његовим приповеткама. Одблесци србијанске свакидашњице, њихов утицај на људе и последице које је собом остављала, уткани су у редове Лазаревићевих приповедака много више него што се то у први мах чини. Сликајући своје окружење, Лазаревић је давао и истицао своја мишљења, давао свој суд и нудио решење. Као и други у Србији и он је осећао све промене у друштвеном и привредном животу, и супротстављао им се својим идеалима старог поретка, за који је сматрао да је једини исправан и прави. Патријархални дух у којем је васпитан наметао му је отпор према тим *новим људима* и он није желео да изађе из свог оквира, без обзира што је дуго живео на Западу и једно време и сам био међу тим новим људима. Окренуо се прошлости, свету свога детињства за који је сматрао да је свет добрих људи, свет поштења и примереног рада. Он је желео да га овековечи и посредно стави насупрот свету у коме живи. То је једино могао да уради кроз своја дела и зато је оваква своја уверења уносио у своје приповетке, наглашавао их и величао. Зато је истицао и сликао послушне људе, верне породицама и задругама, који су се покоравали духу и обичајима тих заједница, ма колико им то доносило боли и несреће. „Њега су у Србији привлачили они патријархални људи који нису знали за писане законе, али су имали образа, осећања колективног духа и смисао за интересе заједнице, и они честити сељаци који не знају за менице али 'један другом дају стотине дуката у четири ока'." – *Он зна све*. Тај колективни дух је производ његовог одрастања, и он се сасвим јасно уочава у приповеткама. Будући да уводи јунаке из сеоске средине, Лазаревић у појединим приповеткама приповеда са становишта првог лица множине. Најбољи пример је *Школска икона*. „Он ту говори у име целог колектива. Фиктивни приповедач јавља се из првог лица множине и у приповеткама *Он зна све* и *Вучко*, али само онда када заступа групу Вучкових вршњака које је овај предводио ('Онога судбоносног дана, он је, као и увек био наш цар'; 'Ми напунимо шпагове каменицама, једним јуришем узмемо тарабу и наћемо се у њиховој авлији'). Зато има доста масовних сцена: трка коњима и ношење Видака у *Он зна све*, разилазак света са пристаништа и призор са инвалидом по доласку лађе у *Све ће то народ позлатити*."[9]

Међу људима које је узимао за прототипове својих јунака на првом месту су Лазаревићеви најближи, његова породица, мајка, отац, сестра. Много је значајније што се у приповеткама и одломцима са овом тематиком даје јасан пишчев став о породици уопште, исказује се његов однос, мишљење и став не само према својим најближима већ и према времену и средини којима припада описана породица. Захваљујући мноштву аутобиографских елемената уплетених у ове приповетке упознајемо још боље самог писца, који се није либио да сву љубав према својој породици недвосмислено и прикаже. Та дела објашњавају читаоцима шта је за Лазаревића значила породица, приближавају нам стара патријархална времена,

---

[9] Николић, Милија: *Форме приповедања у уметничкој прози Лазе Лазаревића*, Београд, 1973.

дозвољавају нам да завиримо у патријархалне породице Лазаревићевог времена и уочимо значај њиховог стварања, очувања или разлоге њиховог пропадања.

3. Детињство Лазе Лазаревића и одлике патријархалне породице

Ја сам само за вас дисао, и само ћу за вас одсад дисати![10]

Лаза Лазаревић рођен је 13. маја 1851. године у Шапцу, од мајке Јелке и оца Кузмана Лазаревића. Њихова породична кућа више не постоји, а налазила се у данашњој Главној улици бр. 1. Свој родни град осликао је у приповеткама кроз одређене ликове и места која су Лазаревићу остала у сећању, на пример: *Маринко магазаџија* се помиње у приповеткама *Он зна све*, *Све ће то народ позлатити* (жена Маринка магазаџије), *Вучко, Стојан и Илинка*, или најпознатија *шабачка крчма* која се под различитим називима помиње више пута у приповеткама – Ћукова механа, *(Швабица)*, Ћијукова механа *(Први пут с оцем на јутрење)*, Тетребова механа *(Вучко)*, Јованова механа *(На село)*, или *Топузов вранац* (*Све ће то народ позлатити*), јер Топузовићи су били позната трговачка породица у Шапцу („Може бити да би ми Топузовић дао новац на зајам...")[11], затим *вашар* који се и дан данас сваке године на Велику Госпојину одржава у Шапцу („О Великој Госпођи видео сам на вашару..."), или пак, *пристаниште*, позорница догађаја у приповеци *Све ће то народ позлатити*, а такође се налази у његовом родном граду, што се да закључити по речи Сави (помиње се у приповеци), иако је Сава „река која тече и стога

---

[10] Писмо сестри из Берлина 23. VIII 1872.
[11] Писмо сестри Евици и зету Марку из Берлина 6. I 1874.

може имати улогу динамичног мотива који истовремено и конкретизује и уопштава место догађаја."[12]

Породица какву су изградили његови родитељи била је патријархалног типа, какве су и иначе биле све угледне породице у Лазаревићево време. Патријархат нису стварале биолошке разлике између мушкараца и жена, већ надређен друштвени положај мушкараца. Колико су се породице придржавале овако строго неписаних правила зависило је од средине, времена, социјалног статуса породице. Породице какве је описивао Лазаревић су патријархалне, у њима је однос између мушкараца и жена посебно изражен, што се може видети и на примерима из приповедака:

„Али ту мој отац погледа некако преко ока моју мајку. Она умуче."

„Ама ја сам теби сто пута казао да ми не попујеш и да ми не слиниш без невоље! Није мени, ваљда, врана попила памет, да ми треба жена тутор." *(Први пут с оцем на јутрење)*

„Код куће је живео скромно и по старински. Попадија га љуби у руку када пође у село или када се врати кући." *(Школска икона)*

„Ко је још видео да женска глава што огдовара." *(На бунару)*

„Не могу никако да се навикнем на тај луди обичај да ми овако чиста, красна цура изува каљаве и гломазне чизме."

„Хоћеш да переш ноге?
– Нећу, каке ноге? Иди ти па вечерај; доста си се данас намучила."

„Ти, ваљда, најпре старијима даш да једу? Па ти после?" *(У добри час хајдуци)*

„Имао бих нешто да проговорим са старијим људима – рече поп. Жене, једна по једна, њега у руку па као гуске једна за другом на капију. И млађи свијет оде." *(Школска икона)*

„Девојке турише нос у шаку и ишчекиваше како ће Илинка постиђено прошапутати: 'Имам.' Али она подиже главу, погледа оштро попа у очи и тихо, али звонко и разумљиво одговори: – Имам! – Гле, гле! Мишљаше Стојан. – Та ово је нека јунак-девојка!" *(Стојан и Илинка)*

---

[12] Николић, Милија: *Форме приповедања у уметничкој прози Лазе Лазаревића*, Београд, 1973.

У таквим срединама знало се ко је старији и њима се показивало велико поштовање:

„Седосмо доле на патос крај ње; љубисмо је у руку: "Нано, нано!" *(Први пут с оцем на јутрење)*

„Онда уђе један стар човек а Мара скочи па њега у руку. – Овог чику, 'ћери не мораш љубити у руку. То је мој кухар." *(Школска икона)*

„Како ти наредиш, брато, ти си мушка глава! Она љуби деду у руку." *(На бунару)*

„Боље се врати па читај сентименталне романе и љуби оца у руку." *(Швабица)*

„Ти си млађи, ти си требао ћутати, баш да ти је и што погрдно казао. Ја знам, ни иначе ти ни на шта не пазиш. Ето, јуче кад сте пошли на купање, а ти се гураш са њим на вратима и из своје рођене куће први излазиш! И пре, једанпут, кад сте се оно возали на каруцима, а ти јуриш први у кола, па ти још сео са десне стране. А Јоца је човек који на све то пази. Он је старији и бољи." *(Побратими)*

У многим приповеткама породицом или задругом управља њен домаћин, познат и као старешина или господар:

„Зар ти не знаш шта је старији? Кад он заповеди, мора бити; еј, море, мора! – газда Јова куцну средњим прстом Вучка у чело – Старији, еј, главо!" *(Вучко)*

Он је тај који држи задружну кесу и не полаже рачуна никоме, а сви приходи запослених чланова дају се њему. Он распоређује приходе и брине се о свим финансијским потребама породице („јер јој је муж дроња и не сме јој узети ни шиватке док не пита оног старкељу" – *Анока*), у којима жена никада не учествује. Он снабдева целу породицу и најличнијим потрепштинама:

„Поче напослетку тражити да се другачије и боље одева. Арсен, сиромах, каже јој: да ђеда и Радојка купују сву робу, и да он не сме ни поменути ђеди да њојзи само купи нов срмали-јелек." *(На бунару)*

Домаћин одлучује о свему и у име свих чланова породице, он представља породицу:

„Ради, вала, од мене и од ње шта хоћеш! Мене убиј, њу отерај! Да ти је богом просто! Немој ме само отурати од себе, живога ти бога!" *(На бунару)*

Једино је одређену врсту аутономности међу женским члановима породице имала најстарија домаћица у кући:

„Радојка јој је име. И у кући се ништа важније не дешава док она не да свој глас, или бар док је ђеда не запита." *(На бунару)*

Такве су биле патријархалне породице, такве се породице срећу и у Лазаревићевом делу. Породице у којима се знао ред, знало се шта је шта, и од тога се није одступало:

„У газда Јовиној кући по ноћи је било доба у које се могло устати, али никада лећи у кревет, осим кад би ко, не дај боже, био болестан." *(Стојан и Илинка)*

У сликама породица наилазимо на породичне савете, које сачињавају старешина, глава куће – Матија Ђенадић, најстарија домаћица у кући, Радојка, и најстарији син ђедин, Благоје *(На бунару)*. Осим њих троје нико се ни за шта у кући не пита, већ се сви покоравају њима и извршавају њихову вољу. Радојка за софром седи десно од ђеде:

„Сем ње за вечером нема ниједне жене, оне једу за себе, осим што по две три служе људе за вечером."

„Ако је Матија однео порез, Радојка отишла цркви, а Благоје да полаже стоци, – у кући је као у школи одакле је изашао учитељ. Све је сложно, весело и љупко, и свако гледа том приликом да се добро ишали и исмеје. Како се, пак, које од њих троје појави на врата, одмах настаје ред, озбиљност и послушност. Њих троје се погдешто хотимично склоне да се деца провеселе и људи сербез напуше духана." *(На бунару)*

У патријархалним породицама је нарочито био тежак положај снахе, нарочито најмлађе, с обзиром да ју је свекар могао отерати и против синовљеве воље. Стога, она се обавезно морала потчињавати, како мужевљевим наредбама, тако и наредбама осталих чланова породице:

„Не бој се, душо, тако мора бити! А све ће добро бити, ако да бог." *(Стојан и Илинка)*

Снаха је морала строго да пази да никоме не окрене леђа, да окрене лице према ономе ко долази и одлази, да устане, чак и са теретом на леђима, у случају наиласка мушкарца, нарочито старијег, што је све знак понизности и поштовања мушких чланова. Снахе су радиле све послове, дочекивале и двориле, не само старије укућане, већ и госте:

„А кад му дођеш у кућу на рукама ће да те носе... то треба видети. Каква је то кућа, старинска задруга – читава војска! Доћи само увече, а да ти се надају, па ће те пресрести једна снаха на самом путу, с лучем у руци. Друга стоји у шљивику, трећа је пред стајом, четврта одбија псе, пета у кухињи, шеста у соби куда те воде." *(На бунару)*

„Хајд' на бунар! – рече ђедо.

Дођоше на бунар.

– Вади!

Анока извади кову.

– Сипај!

Анока захиће вргом и ђеда целу кову испљуска по лицу и по глави.

– Обриши ме!

Анока расплете косу и стаде га сушити." *(На бунару)*

Морала је добро пазити да се некоме не замери, а нарочито не деверу. У приповеци *Он зна све* оно што Видак саопштава Илинки, на дан испита и прстена – да више но њега пази његовог брата – одговара у потпуности ономе што је Лазаревићева мајка причала о Кузмановом савету првога јутра по свадби:

„Јелка, слушај добро и упамти што ћу ти рећи: Михајло је мој рођени брат, и ја га волим више него себе. Чувај се да га не увредиш! Мени ако се и замериш, пре ћу ти опростити."

Лазаревић описује како је тај кодекс утицао на младе девојке. Приказује нам њихова размишљања, дели са нама њихове страхове и узбуђења. Описује њихова осећање и страхове, који су нарочито на самом почетку брака, на уласку у нов, непознати живот, били највећи и најболнији. Можда је најочигледнији пример у приповеци *Стојан и Илинка*:

„Стојан игра украј ње, и он ће јој бити – муж! Како је то невероватно и чудно а ипак ће то бити. И ово је почетак пута којим се овде долази. Доиста! Како је то могућно да ће га она моћи ударити цветом по образу, како да се она уопште нађе крај њега спаваћива? И на ту чудну загонетку не би ни Аница умела одговорити, и све кад и не би било срамота, не би је ни вредело питати [...] Овај данашњи тутањ тек је безначајан почетак онога што иде, онога нечега непознатога, великога, преко сваке мере важнога. А како је она, тако рећи, до јуче била срећна, мирна и безбрижна! Како је сасвим другачије улазила у ноћ и легала у кревет, и спокојно ишчекивала сутрашњи дан [...] Ко је тај човек што је тако немилосрдно и тако власнички одваја не само од Анице, него и од оца, што од ње тражи да заборави и напусти све, да умре са својом извесном прошлошћу, па да оживи неизвесном будућношћу, да престане бити 'татина' и своја, па да постане нечија и нечија? Ах, то је требало тако да боли, да понижава, да убија, па ипак то је било тако пријатно." *(Стојан и Илинка)*

Још од вајкада породица је била једина институција на коју се могло ослонити. Породица је претпостављала потпуну преданост својих чланова, узајамну помоћ и надопуњавање. Била је заштита и уточиште, главни ослонац појединцу коме је давала оријентацију, знања и предрасуде у животу. Оно шта је породица представљала тада, представљала је и Лази Лазаревићу, који се старао, не само о својој најближој породици – деци, сестрама и њиховим породицама – већ и о читавој родбини, трошећи највећи део својих прихода у збрињавању најсиромашнијих рођака. И како сведочи у једном писму сестри највећу је радост осећао док их је гледао збринуте:

„Писаћу Марку, чинећи се и невешт целој ствари и гледаћу само да види да и ти имаш још некога ко је велики као кућа а моћан као гром. Јесте, сестро, ја осећам таку снагу у себи да ме напиње као топ метак барута и ђуле што је у њему, ја се осећам неизмерно силан, јер ме је данас бог обасјао срећом, јер ја видим да сам своју сестру метнуо под крило."[13]

„Иако је био писац, превасходно занимање Лазе Лазаревића је било лекарско, а као своју главну улогу у животу доживио је родитељску и супружничку одговорност према својој породици, у коју је улагао највише своје енергије."[14] Породица је за њега представљала светињу, за коју се живи и мре: „Ја сам само за вас дисао, и само ћу за вас одсад дисати, ја ћу учити, ја ћу се мучити, чуваћу здравље, усиљаваћу се свакако, али ћу бити човек, и ви ћете ускоро опет осетити миловање татине руке", писао је Лазаревић из Берлина. То је било место у којој сваки појединац налази сигурност и заштиту, место где се с лакоћом решавају сви проблеми и тешкоће „које произилазе било из грешних склоности људске природе, било из појединачних схватања која одударају од неписаних норма колективног морала. Свака заблудела овца има свог пастира који ће је пронаћи, кад се изгуби, и

---

[13] Писмо сестри из Берлина, 23. VIII 1872.
[14] Јефтић, Ања: „Приповедање Лазе Лазаревића", у: *Patriot online*, колумна *Српска књижевност 19. вијека*, чланак 36.

вратити је у стадо. Зато Лазаревићеви, наизглед негативни јунаци, као Митар из приповетке *Први пут с оцем на јутрење*; размажена, својеглава жена која ни за шта не мари, Анока из приповетке *На бунару*, неукротив дечак, одбачен од друштва и избачен из школе, Вучко, не могу и не смеју пропасти, јер чим се нађу на крају своје странпутице, на рубу провалије, увек ће се наћи спасоносна рука која ће их задржати од пада и вратити у крило заједнице, где их чека радост и свеопште праштање."[15]

Иако је Лазаревић толико волео породицу и толико истицао њен значај за појединца, ипак породичну заједницу и сав патријархални свет није представио као идеалне, нити је припаднике тих породица представио као непогрешиве и доследне. Митар из приповетке *Први пут с оцем на јутрење* домаћин је, глава куће, и као такав требало би да се стара о својој породици, да устоличи њен углед, да се стара о имању и новчаним средствима. Међутим, он то не ради, баш супротно. Он је главни кривац за њено пропадање и довођење до просјачког штапа. И поред свега тога, он као глава породице, и даље је светиња, и даље се његова реч слуша, и даље нема никога ко би му се успротивио, нити би се ико то усудио. „У *Школској икони* поп ће запретити да ће за инат продати свиње у бесцење и њему нико неће моћи да се супротстави."[16] Желећи да истакне само лепе стране патријархалног задружног живота, Лазаревић њено наличје ставља у сенку. А то наличје није нимало занемарљиво, и постојало је у толикој мери да је често било узрочник пропасти појединца. Јер такве патријархалне средине изискују пуно жртава, и у њима нема места за жеље појединца, нема милости и разумевања индивидуалних потреба, а камоли нада, жеља и снова. Све се одвијало по одређеном реду, који је за све људе био обавезан и непроменљив. Све се то може доказати и по Лазаревићевим јунацима, и то онима који су снагом своје младости у себи имали наде и снове који су били другачији од нада и снова породице и целе заједнице, уколико су их ови уопште имали. Снови и жеље појединца нису се смели разликовати од планова породице. Стога појединац није био самостална личност, већ део заједнице и морао је делати у складу са њеним дужностима. Морао се приклањати породици, ма колико му то било тешко и болно. Он никада није могао да буде у праву, никада његова одлука није могла да буде исправнија од одлуке коју би доносиле старешине. Породица је увек у праву

---

[15] Деретић, Јован: *Кратка историја српске књижевности*, Београд, 1987.
[16] Протић, Предраг: „Предговор приповеткама"; Лазаревић, Лаза: *Приповетке* Београд, 2001.

и власт домаћина је апсолутна, ма колико представљала ограничење индивидуалне слободе чланова породице, који су морали да поштују вољу главе породице. Зато је Лазаревић у сукобу између породице и личних прохтева појединца увек на страни породице, јер је у њој видео свет среће и спокојства. Та власт домаћина, иако установљена у интересу колектива, подређивала је индивидуе интересима заједнице. Глава куће је одлучивала у име свих чланова, нарочито када су у питању биле женидбе или удаје чланова домаћинства:

„Илинка замишљена, казала је и Вујици и Аници: 'Па... како бабо каже!' То је јасно и разумљиво. Девојци се и не приличи да другачије одговори."

„Наћи ћу ја теби момка... још каквог." *(У добри час хајдуци)*

„Па узећеш је ти Златане, не бој се! Ја ћу вечерас говорити баби, а бабо це баби, а баба ће већ с ђедом наредити ствар како треба." *(На бунару)*

„– А хоће за Вучка?
– Полуди!
– А он за њом?
– Уби се! Него њен отац као да нешто затеже..." *(Вучко)*

„Само се сложише у томе: да баба Вујка најпре говори с газда-Јовом, па ако он пристане да да ћер за Стојана, онда ће њих две Вујка и Аница, друго шта треба уредити." *(Стојан и Илинка)*

У избору брачних партнера за чланове своје породице главну улогу има њен домаћин и родитељи. Младић има право да се брине о својој женидби само у случају да нема родитеље. За разлику од младића, девојка, у случају да нема родитеље, нема право да одлучује о ступању у брак, него ту улогу преузимају браћа, блиски или даљи рођаци: „Ја сам [баба Аница] мог покојника видела само кроз пукотину од врата" *(Стојан и Илинка)*. Овакви обичаји говоре да је брак требало да обезбеди континуитет патријархалног начина живота. Наиме, било је врло важно да се у кућу доведе снаха која ће помоћи одржавању задружног живота, а не да буде против њега: „није она за нашу кућу" *(На бунару)*. Сматрало се да такве ствари, важне за будућност задруге, младићи не умеју, па према томе и не могу да спроводе. Такође, младожењини родитељи воде рачуна о пореклу невесте, ко су јој родитељи, стричеви и ујаци, каква је породица из које долази, каква је прошлост њене породице и породице њених ујака, колико су цењени у средини у којој живе и да ли је нека од тих породице у својој прошлости учинила неко дело које није у складу са традиционалним правом:

„То је добро и честито дете. Знала сам јој матер, – красна жена! И Ђорђе је један по један човек, он се никад неће одати злу!" (*Ветар*)

„Пошто ти сама велиш да је она из добре куће и добра домаћица..." (*Стојан и Илинка*).

У тако патријархалном времену нису били дозвољени сусрети двоје младих, и најмањи знак наклоности према некој девојци са собом би носио обавезу и одговорност према њој:

„Није у годинама у којима се игра љубавних сцена и само јој 'значајно' стегнути руку значи 'пођи за мене'. Нема ту дакле шале. Ја још који месец па стављам скамију и ступам на своје ноге, и сваки ма и неозбиљан корак у љубави био би корак у женидбу."

„Ама само један једини пољубац, ал' онда – онда бих се м о р а о оженити њоме." (*Швабица*)

Прихватање свих ових породичних *закона* значило је и губљење властите индивидуалности, и жртвовање властите среће зарад породице. То је само још један елемент који је директно везан за живот самог писца. И Лаза Лазаревић је жртвовао свој лични живот ради своје породице, што доказују и речи Лазаревићевог писма: „Ја имам матер, сестара и деце, и нико више неће ући у нашу породицу, јер ме нико не може тако волети, нити ја икога."[17] То исто саветује зету: „Ја ћу Марку даље казати да не тражи ван нас љубави у свету, јер је нигде неће наћи."[18]

Ту своју безграничну љубав према породици Лазаревић није само носио у срцу целог живота већ је и пренео у скоро све своје приповетке. И није пренео само лепе ствари, топлину, радост, љубав и безбрижност које је осећао када би био међу својима, већ је нескривено исприповедао и открио и све жртве на које га је нагнала и све боли које је пропатио због ње. А жртвовао је све. Његов живот је била само његова породица. Свој живот уточио је у константну бригу, како за своје најближе, тако и за сву родбину. Био им је све, помагао их новчано, делио савете, обезбеђивао им све материјалне ствари које су биле потребне да не би изостајали из друштва у којима су се кретали: кућу, коње за јахање, кочије и сл. („Управо главно весеље пробудио је Ваш глас да ћете од Ђурђевдана држати кола и коње"[19]; „мада смо

---

[17] Писмо сестри из Берлина 23. VIII 1872.
[18] Писмо сестри из Берлина 23. VIII 1872.
[19] Писмо Ватрослава Јагића Лази Лазаревићу 19. III 1880.

и ми имали добре коње..." – *Вучко*). Дисао је и радио само због њих. А радио је много. И дан и ноћ неуморно је обилазио болеснике по болницама и ван њих, лечио све који су му се обратили за помоћ. Није размишљао о умору, исцрпљености и свом здрављу, јер времена за то није било. Колико је Лазаревић уносио себе и свој живот у своја дела доказује и реченица у једном писму у коме се жали Змају на исцрпљености поводом бриге о својој породици, те каже:

„Ја падам с носа на уста и с уста на нос, и бринем се одиста о једној многобројној фамилији."

Исти израз помиње чак четири пута, у приповеци *Он зна све*:

„[...] то ти не стаје ни дан ни ноћ! Они не спавају не седају, већ посрћу с носа на уста и с уста на нос; и с ногу једу... И опет свуда стигну."

Лазаревић је скоро свим својим јунацима наметнуо патријархалне и породичне окове и стеге. Оно што је и њега самог толико тиштило и спутавало, он је желео да отклони, и олакша свом срцу, поделивши терет са неким ко пролази кроз исто. Желео је да исприча свету свој бол, али као уважени лекар и брижник породице, није имао право на клонулост и слабост. Али његови јунаци су имали то право, њима нико није могао да замери и зато је преко њих Лазаревић осликао своју душу. Оно што је сам осећао испричали су нам Јанко, Вучко, Миша и остали јунаци:

„У гуши га нешто стаде давити, давити тако јако, да он откину дугменце на кошуљи и стаде песницом ударати у шљиву поред које је стајао."

„Он се осећаше да би имао нешто да каже, много да јој говори, али му се чињаше да су му уста оловом заливена, и да поврх свега стоји страшан печат на коме су слова: част, породица..." (*Вертер*)

4. Ликови родитеља

Већ при првом сусрету са приповеткама Лазе Лазаревића увиђа се колико су породица и патријархални морал имали значајну и одлучујућу улогу у његовом животу. Доминантност фигура родитеља, који се провлаче кроз већину приповедака, сведочи колико је на њега детињство оставило снажан печат. Више је него очигледан огроман утицај мајке, која се помиње у многим приповеткама као централна фигура или као један од јунака приповетке. Чак и када као лик није јасно окарактерисана, осећа се њено присуство у свести главног јунака и то је оно што предводи и одређује његову судбину. Ликови родитеља у приповеткама указују на разне сличност са самим родитељима Лазе Лазаревића.

Као и Лазаревић и његову јунаци имају само једног родитеља. Мара и Анока одрастају уз оца, а Јанко и Миша Маричић познају само мајчину љубав. Исто тако, приметно је да су све мајке у Лазаревићевом делу удовице. Један од разлога могао би бити сам живот Лазе Лазаревића, који је одрастао уз мајку удовицу, а други, по речима Владимира Јовичића, истицање и величање материнства: „У чињеници да су скоро све мајке у Лазаревићевим приповеткама удове, не би требало толико тражити аутобиографске утицаје и трагове, колико песникову жељу да материнство прослави и обоговечи примерима потпуног самопрегора и пожртвовања."[20]

---

[20] Јовичић, Владимир: *Лаза Лазаревић*, Београд, 1966.

5. Отац Лазе Лазаревића

Лазаревићев отац, Кузман, био је један од угледнијих трговаца у Шапцу. „Био је мој отац трговац на гласу", сведочи наратор у приповеци *Ветар*. Шабац је у то време био један од најразвијенијих градова у Србији. У њему је нарочито цветала трговина, тако да су шабачки трговци били на гласу, па су у многоме конкурисали београдским трговцима:

„Тада су још цвали у Србији занати и у шегрте нису ишли само они који су истерани из школе због рђавог учења или владања." *(Вучко)*

Слике из Србије: Шабачки град.

Српска зора, 1880. год.

Са млађим братом је након кратког боравка у Београду, где је био шегрт и калфа, отворио у Јевремовој улици у Шапцу, трговачко-занатлијску радњу, магазу, где су се могле купити свакојаке ситнице за домаћинство.

„То беше уговор по коме Видак прима свог брата Вучка у ортаклук и заједницу са собом." *(Он зна све)*

„[...] био је мој отац трговац на гласу и радио је ортачки с Ђорђем Радојловићем." *(Ветар)*

Кузман је годинама радио и штедео да би могао купити кућу, и кад је то урадио, оженио се кујунџијском ћерком са којом изроди четворо деце, три кћери и једног сина.

„Куд ће моје четворо деце!" *(Секција)*

„А пуши дуван од осам динара, јер има четворо деце." *(Вучко)*

Иако слабог здравља, Кузман је био вредан трговац и добар домаћин. Био је наклоњен просвети и књигама, имао је у кући пуно књига, и настојао је да своју децу што боље и више образује. „У приповеци *Он зна све* помиње се тридесетак лепо укоричених и поређаних књига смештених на ормару под иконом. Биће да се писац овом приликом присећао очеве приручне библиотеке у чијим је корицама, као у чуну од хартије, први пут опловио свет."[21] Кузман је волео да чита народне песме, вероватно под утицајем Вука, са којим је био у старом кумству, и који их је посећивао кад год је имао прилике. Читао је и Доситеја Обрадовића, и у књизи *Собранија* написао је младом Лазаревићу запис: „Лазаре, читај ову књигу. Твој отац Кузман".

„Обично после таквих приповедака ја сам њој давао Касију царицу или Доситејеве Басне." *(Ветар)*

Све ово се може пронаћи и у самим приповеткама. На многим местима он помиње свог оца, баш као трговца:

„Дућан готово и не ради. – Зар ја, – каже мој отац – да мерим гејаку за двадесет пара чивита?"

„– А што је море ваш дућан затворен? – запита ме Игњат ћурчија, који у тај пар прође.
– Тако! – кажем ја.
– Да није болестан Митар?
– Није – кажем ја.
– Отишао, ваљада, некуд?

---

[21] Јовичић, Владимир: *Лаза К. Лазаревић*, Београд, 1966.

– У село – рекох ја, па побегох у авлију." *(Први пут с оцем на јутрење)*

Исто тако уочљиви су и аутобиографски елементи у вези са Лазаревићевим стрицем. Након очеве смрти стриц је неко време наставио да се стара о њима. И то је Лаза Лазаревић добро упамтио па је и сачувао од заборава, уткавши га у лик Ђорђа у приповеци *Ветар*:

„Често је, каже ми мати, доносио чича-Ђорђе сомун испод мишке и куповао нам дрва."

„Онда је испод пазуха извадио један читав сомун и дао га мени. Сасвим се лепо сећам тога сомуна."

Исти је случај и са ћир-Стевом *(Побратими)*. И он се, након очеве смрти, мајци налазио и био при руци за свакојаке ситнице. И Ђорђе је био ортак са његовим оцем и заједно су радили у магази:

„Пре двадесет година био је мој отац трговац на гласу и радио је ортачки с Ђорђем Радојловићем."

Лазаревић стрица често помиње у приповеткама:

„Слушао сам после вечере њене тихе приче [...] о мом стрицу који се разболео и умро чим је на стару кућу назидао горњи кат." *(Ветар)*

„Такав је изгледао мој стриц кад је пред смрт искао да га причесте."

„Према овоме је ништа оно кад ми је стриц умро."

„– Шта је ово? – питао сам се ја. – Је ли овде мртвац у кући или се мој покојни стриц вратио па га ваља наново сахрањивати."

„Не кува се ни ручак; пролазе на прстима покрај велике собе и само отхукују – исто онако као кад ми је стриц умро." *(Све ће то народ позлатити)*

И отац и стриц умрли су млади. Отац од „запаљења беле џигерице" тј. од плућа, о стриц од *суве* болести.

Лаза Лазаревић имао је само девет година када му је отац умро. У живот дечака то је неминовно унело како велику тугу и бол тако и велики заокрет и промене у породици, о којој се од тада бринула мајка.

Прво издање приповетке Први пут с оцем на јутрење *у Српској зори, 1987.*

Девета година Лазаревићевог живота била је пресудна за опстанак његове породице, јер било је питање колико је његова мајка имала снаге да одржи породицу и њен углед, на шта се у то време пуно гледало. Прихвативши тај породични стег, Лазаревићева мајка га је не само одржала, већ га је и подигла „високо, с поуздањем и мало кокетним поносом, као витез свог доброг сокола" (*Ветар*), борећи се са многим тешкоћама, успела је да одржи кућу и децу изведе на прави пут. Зато није случајно што се приповетка *Први пут с оцем на јутрење* приповеда из угла деветогодишњег дечака, чијој је породици претио раздор и који се налазио на рубу да изгуби оца: „Било ми је – вели – онда девет година. Ни сам се не сећам свега баш натанко. Причаћу вам колико сам запамтио." Писац сва збивања у *Први пут с оцем на јутрење* даје кроз запажања и импресије једног детета. Лазаревић није оптеретио дечију психологију начином размишљања одраслих, тако да је приповетка сачувала драж наивности и непосредности дечијег доживљавања, али није изгубила у објективности и прегледности излагања. Постоји много детаља, поред горе наведених, који могу навести читаоце да помисле како се у лику Митра крије отац Лазе Лазаревића. Међутим, у лику Марице не крије се Лазаревићева мајка, нити у Митру његов отац. Мишљење да је као прототипове за протагонисте приповетке Лазаревић узео своје родитеље изнели су Љ. Јовановић и Ј. Скерлић. Истину откривамо у Живаљевићевим сећањима на Лазу Лазаревића, у којима пише: „Један од рођака покојног Лазаревића причао ми је, да је његова мајка узвикнула својој кћери, када јој је ова први пут прочитала ту причу: 'Ето, што сад тако да прича? Зашто тако да пише, јер када не буде било мене и њега, сваки ће мислити да му је доиста такав био отац. Зар он, он први да осрамоти онаквог оца!' И велике су муке имали док су јој објаснили, да је то само прича и да он не пише о свом оцу." Јеремија Живановић[22] сматра да је као прототип за Митров лик послужио пишчев даљи сродник, познати шабачки трговац Јован Веселиновић, који је своје богато имање брзо и лако прококао.

У Лазаревићево време турска култура и начин живљења били су узор, не само на југу Србије него и шире. Угледни људи тог времена пратили су источну моду и носили се „турски". О томе сведочи Димитрије Маринковић, који је у својим успоменама дао детаљне описе облачења у Србији у XIX веку: „У Београду готово ништа нисам приметио да се дркчије живи него у унутрашњости. Ношња и код Београђана, као и унутар по варошима, била је једнака, и код мушких и код женских. Чакшире, ћурче, џубе, јелеци, фермена и џамадани код мушких, почињујући од саветника попечитеља (министра) па до последњег мајстора била је истог кроја, само наравно код богатијих људи скупоценије. Жене све почињујући од књегиње па до обичне грађанке, биле су једнако обучене: фистан, шкуртеља, либаде, на глави мали фес. Богатије имале су на фесићу златне пушћуле тј. кићанке, а дошље тепелуке од дуката или бисера. Сиромашније имале су јургилуке, тј. шамије везене бисером. Иначе сви, и чиновници и грађани носили су турско одело. Како је у вароши било још много Турака који су се носили исто као и Срби варошани, то су дућани највише имали турског еспапа."

И Лазаревић користи такве изразе за облачење:

„Василије на пр. одведе свог Јована газда-Јакову, првом трговцу, у кога су се шили јечерме, гуњићи, памуклије, фистани, итд." *(Вучко)*

„После је причао о сребрењацима начелниковим, о либадету што је везао његовој покојној жени." *(Ветар)*

„Је ли, мамо, како се носио онај златан пушћул што га ти још чуваш у ормару?" *(Ветар)*

---

[22] Лазаревић, Лаза К.: *Приповетке. Одломци. Писма*, (ур. Јеремија Живановић), Земун, 1911.

„[...] већ просто због тепелука који тако безазлено блисташе, као да је Зајечар процватио, а кроз Књажевац протекла река од млека." *(Вертер)*

„Мишљаше на матер, у зеленој шамији, како меси питу." *(Вертер)*

Из наведених примера види се да су се и јунаци Лазаревићевих приповедака тако облачили. Таквих примера има још много: „тури га под џубе,[23] натуче фес на очи, па брзо и целом ногом ступајући изиђе напоље" (*Први пут с оцем на јутрење*); „као обоци[24] вешају теби о браду и брукове"; „па моји будући болесници у пеленгирима"[25] *(Ветар)*...

Ношње из Србије, Етнографски музеј, Београд

„Као и главни јунак приповетке *Први пут с оцем на јутрење* Митар, који је током сликања скоро сасвим запостављен као субјекат, али су његов изглед и гардароба описани скоро до детаља."[26]

„Он, тј. мој отац, носио се, разуме се, турски. Чисто га гледам како се облачи: џемадан од црвене кадифе с неколико катова златна гајтана; поврх њега ђурче од зелене чохе. Силај ишаран златом, за њега задената једна харбија с дршком од слонове кости, и један ножић са сребрним цагријама и с дршком од сомове кости. Поврх силаја транболос, па ресе од њега бију по левом боку. Чакшире са свиленим гајтаном и буђметом, па широки пачалуци

---

[23] Врста хаљине.
[24] Минђуше.
[25] Мушке вунене гаће.
[26] Николић, Милија: „Описни стил Лазе Лазаревића", у: *Зборник Матице српске за књижевност и језик*, књ. 39, св. 1, стр. 53–62, Београд, 1991.

прекрилили до пола ногу у белој чарапи и плитким ципелама. На главу тури тунос, па га мало накриви на леву страну, у рукама му абонос-чибук с такумом од ћилибара, а с десне стране под појас подвучена, златом и ђинђувама извезена дуванкеса. Прави кицош! [...] Накривио једну астраханску шубару, преко прсију златан ланац с прста дебео, за појасом један сребрњак искићен златом и драгим камењем."

Митар на себи има *џемадан*. То је прслук са ресама које су прелазиле једне преко других, а копчао се уз помоћ четири дугмета од метала и црних чворова од свиленог канапа. Џемадан се носио преко прса, и ишао је све до грла. Ивице џемадана са ресама такође се украшавају чворовима или пак златовезом. Носио се испод гуња, справљан је од црвеног сукна и обично је био извезен са страна неким памучним или свиленим гајтанима црне или златне боје. Џемадан је понекад био замењиван јечермом, која није имала ни ресе ни преклапања, а прорез на грудима јој је био раван. Са обе стране јечерме ишла су два реда дугмади (црних свилених) која служе само за украс. Испод дугмади налазе се неколико кукица и чворова који се користе за закопчавање јечерме до половине одоздо. На себи има и *транболос* – опасач од свиле, широк шал за опасивање и зелено *ћурче* – старински чохани кратак капут с кожним оковратником; *силај* – кожни опасач, носио се преко вуненог појаса, обично црвеног, за који се задене мала пушка и велики нож. О кајишу на силају (или о засебном) висе две мале фишеклије оковане цинком и једна кеса за новац или друге ситнице, даље, мазалица да оружје подмазују и чувају да од кише не зарђа, и кресиво, које је тако направљено да може послужити и као извојац, и као шило да прочачка фаљу на пушци. Митру је за силај задената *харбија* – шипка којом се пунила пушка. У рукама му је муштикла (абонос-чибук), а на глави капа (тунос-фес). Из тог детаљног описа Митрове гардеробе можемо делимично да изградимо слику како су се људи XIX века облачили. Ако Митру додамо (не описе других јунака, јер нико није толико описан) реченице из приповедака у којима се помиње гардероба, та слика биће још потпунија. Аноку је оптужила јетрва да јој је украла наруквицу: „Па је л' ти казала да си јој украла белензуку?" Белензука је украсна наруквица, носила се у свечаним приликама и била је обавезан детаљ на свадбама.

„Арсен, сиромах, каже јој: да ђеда и Радојка купују сву робу, и да он не сме ни поменути ђеди да њојзи само купи нов срмали-јелек."

„[...] сутрадан, кад је она свој нов новцат јелек исекла на дрвљанику [...]" *(На бунару)*

Јелек је део народне ношње који је био заступљен у неколико земаља Балкана све до краја четрдесетих година двадесетог века, када се почињу носити костими, који долазе из града. На просторима где су живели Срби јелек је имао велику заступљеност, јер је ношен у свим областима, почев од Војводине па све до југа, то јест, Врања, Косова. Крој је био аутентичан за сваку област и разликовао се по шарама, везу, облику, материјалу и осталим детаљима. Обично су се користили материјали као што су плиш, сукно и чоја, на који би се додавали разни везови, трачице, украси како би изгледали лепше, богатије и задржали своју аутентичност. Украси који су се качили на јелек су се називали гајтани, а њихов број на јелеку је показивао из колико је богате породице онај који га носи. Јелеке нису носиле само жене и девојке већ и мушкарци, али са мање украса и детаља.

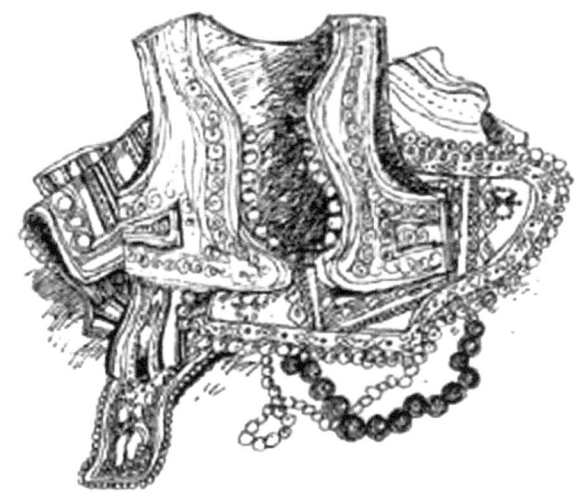

Исто је и са покућством и са намештајем. У приповеткама наићи ћемо на *миндерлук*, *бадију* (суд за зејтин), *душемицу* (шири миндерлук), *ирам* (врсту ћилима), *мангал* (грејалицу), *утију* (пеглу), *мумаказе* (врсту маказа), *сарачану* (шупу), *срџаде* (врсту ћилима за седење), *табарку* (кацу), *филџан, харбију, чатлов*... Можда највећи број примера има у одломку *Баба Вујка*. Описујући детаљно изглед њене собе, Лазаревић помиње чибук, миндерлук, чабрицу, фланерку, мумаказе, шамију:

„У тој соби мирише на гуње, чубар и босиљак [...] само да на зиду не вишаше једна стара шаркија са једном жицом само, и да преко ормана не лежаше један чибук од абоноса с ћилибарским такуном. [...] У маленој соби дуж два прозорчица има један миндерлук на ногарима, са једним олињалим ирамом и јастуцима сламом пуњеним, [...] после се врати у кућу узме чабрицу."

Како су се људи „носили турски", како сам Лазаревић сведочи, стога су и махом сви занати и радње носили турска имена. О томе пише Димитрије Маринковић: „Када сам ја дошао у Београд, а и дуго после тога, све занатске радње имале су само турска имена. Тако су били botaџије, јекмеџије, ћурчије, дуванџије, бозаџије, абаџије, кафеџије, мутавџије..."[27] Зато се ове занатске радње могу пронаћи скоро у свакој приповеци и одломку. Зато се Вучко обучава за занатлију, зато помиње шегрте и калфе:

„Доведе свог синчића Јована да га да на занат. Тада су још цвали у Србији занати и у шегрте нису ишли само они који су истерани из школе 'због рђавог учења' или 'владања'. Ту дакле Јован ступи, изучи терзилук, и печење цигле и трговину, изведе се за калфу." *(Вучко)*

Зато се у приповеткама јављају: *Игњат ћурчија* (кожар), *Трифко јекмеџија* (хлебар), *Видак дуванџија* и *Винтер дуванџија*, *Јован баруџија* (справљач и продавац барута), *Мића казначеј* (благајник), *Стојан бардаџија*, *одаџија* (послужитељ), *мутавџије* (занатлије који су правили покровце, зобнице и сл. од козје длаке), *Јанко саџија* (сајџија, часовничар), *терзија* (кројачка радња), *сараф* (мењач новца)... О сарафима пише и Бранислав Нушић, а код Лазеревића су значајни јер показују још једну слику тадашње Србије. „У дућанима који су били под самим читалиштем", пише Нушић[28] „био је русо-сараф, па до њега Рига берберин. Сарафи су носили свој еснаф у врећи и залазили из хана у хан те пресретали кирићије и мењали им новац. Обично је сваки сераф негде иза ханских врата имао своју асуру, коју би простро у један крај дворишта, сео на њу подвијених ногу под собом, просуо врећу са еспапом, из које би се сручиле разне прљаве крпе, и пешкириће из које су одвојене и везане разне монете, и тако би отпочео свој посао. А тада је била силна кубура са разним монетама. Пристизале су кирићије са разних страна света и доносиле свакојаки

---

[27] Маринковић, Димитрије: *Друштвени живот у Београду 1848*.
[28] Нушић, Бранислав: „Стари Београд", *Сабрана дела Бранислава Нушића*, књ. 2, Београд, 1935.

новац, те је кроз чаршију тада циркулисало све што се новцем могло назвати. Половином прошлог века монете које су биле у оптицају: аустријски дукат, аустријска банка од 5 форината, аустријска банка од једне форинте, аустријски бакер (плоча), аустријски талири, турска рубија, фаирлија (турска сребрна рубља од 20 гроша), мамудије, бешлуци, цванцике, пола цванцика, грошеви, руске рубље, и још вазда монета знаних и незнаних, које су доносиле и односиле кириџије. А у Београду су тада стицале кириџије из Велеса и Пазарџика, из Битоља, Переза."

Слично је и у Лазаревићевим приповеткама:

„Ја ћу се трудити да будем кратак, тако кратак како само може бити кратак човек који долази код сарафа да за једну монету узме другу која му у онај час треба." *(Ветар)*

У приповеткама се помињу дукати, плета (аустријски сребрни новац од 20 старих крајцара), цванцик, грош, минџаћ (ћесарски дукат), динари, талири:

„Извалише неки стотинак дуката и дођоше сви троје у Београд." *(Ветар)*

„Само нам пара даје колико које хоћемо. Ако иштем да купим легрштер, а он извади по читаву плету[29]." *(Први пут с оцем на јутрење)*

„Пођоше и кочијаши нудећи се да по два гроша возе у варош [...]" *(Све ће то народ позлатити)*

„[...] а ја ћу да узмем од маме два динара [...]" *(Побратими)*;

„[...] плати њему 25 талира месечно [...]" *(У туђем свету)*

„У неко доба ја бацих Циганину плету на бубањ." *(Он зна све)*

---

[29] Цванцик.

6. Коцка као мотив

Коцка је централни мотив у приповеци *Први пут с оцем на јутрење*, а помиње се и у другим његовим делима, наравно, не као порок, већ као средство за разбибригу и забаву:

„Као год што веле да вашар не може бити без кише и Цигана, тако ни бања се не да замислити без карташа."

„[...] само је адвокат Нестор играо са новим картама и вадио је на захтевање час четири кеца, час четири џандара."

„Кажу да од то доба није више играо карата али страст за коцкањем је остала и документовала се у игрању крајцера." *(Вертер)*

Коцкање је одувек било велика инспирација уметника. У преко две хиљада литерарних дела инспирација су биле карте и коцкање. Тако је у делима Марка Твена, Џека Лондона, Бернарда Шоа, Сомерсета Мома, Фјодора Достојевског, Балзака, Тургењева, Дефоа, Гогоља... Са друге стране, светска филмска индустрија снимила је преко 11.700 филмова инспирисаних картањем и коцкањем. Лаза Лазаревић се послужио управо тим мотивом желећи да прикаже како тај фактор утиче на расипање, не само породичног иметка, већ и целе породице. Ако Лазаревић и није за прототип Митра узео свог оца или рођака, то јест, ако се није са овим пороком срео у својој породици, може се наћи и мноштво других ситуација и прилика у Лазаревићевом животу у којима је могао оформити свој став према овом проблему. Овај мотив коцкарске страсти одјек је случајног искуства за време Лазаревићевог школовања. Наиме, Лазаревић се као студент у Берлину једне ноћи картао са друговима и изгубио сав новац. Непосредно после тога, исте ноћи „на душак" је написао ову приповетку.

Али, то није једини аутобиографски елемент на основу кога је могла настати приповетка. Колико је коцка штетна, Лазаревић је сазнао још у детињству. Како да овакве негативне појаве појединца и друштва искористи, да би преко њих истакао праве вредности, Лазаревић је могао добити још за време свог школовања на Великој школи. Картање је, поред састајања у већим скуповима, пушења и одлазака у кафане, било изричито забрањено прописом и школским законом. Професори су, и ван школе, били у обавези да „по свом благоразумију" и „благополучију",[30] држећи се законског основа, кажњавају и прекоравају ученике. Школски закон гласио је: „Сви професори дужни су да, у школи и ван ње, бдију над ученицима и пазе на њихово владање, да их увек, уколико примете ма шта непристојно, опомињу, карају и ако треба кажњавају."[31] У збиру сведочанстава о контролном и полицијском односу према ученицима спада и установљење звања „надзиратеља" ученика, с циљем да се обезбеди потпун увид у понашање и кретање ученика, нарочито изван школе и сазна „да ли се сходно своме опредељењу и школским законима владају".[32] У времену када је Лаза Лазаревић био ђак школски „пандур је био извесни Лазар Николић", а након њега Стојан Милкић и Јован Пуљевић. Ово звање, установљено је 2. децембра 1864. године, а укинуто тек 23. августа 1874.[33] Међутим, и поред овако строге контроле увек је било оних који су своје време проводили по коцкарницама и кафанама. Како ученика тако и професора. Лаза Лазаревић је био сведок кажњавања ученика седмог разреда који је био ухваћен како се коцка за кафанским столом. Тај ученик Велике школе избегао је казну избацивања из школе захваљујући управо професорима који су својим коцкањем давали негативан пример ђацима. И узалудно је било обраћање тадашњег директора Велике школе, Ђорђа Малетића, Попечитељству просвете против професора који су одлазили у кафане ради коцкања и картања. Један од тих професора био је Глигорије Гига Гершић, професор међународног права, и један од највећих српских умова. Иако је био миљеник академаца, и држао маестрална предавања, био је најнемарнији професор Велике школе, ноћобдија, женскарош, невиђени особењак, карташ и коцкар. Био је чест гост Гранда. Ту је, наравно, играо карте. Остала је у сећању и једна анегдота. Једном се толико заиграо да је партија трајала од седам увече до осам сати следећег јутра када је један младић устао од стола и извинио се што мора да прекине игру. Гига га погледа и поведе се следећи дијалог:

[30, 31, 32, 33] *Прва београдска гимназија „Моша Пијаде" 1839–1989*, Београд, 1989.

Професор Гига Гершић био је опозиционар, али и краљевски правни саветник. Не памти се да је неки Србин икада одбио краљев позив на ручак. Учинио је то професор Гершић речима: „Хвала, Величанство, али код куће ме чекају пуњене тиквице!"

– Због чега напуштате игру, младићу?
– Имам испит у девет.
– Код кога младићу? – остао је упоран Гершић.
– Код Вас, професоре!

Гига је наредио студенту да седне и почело је испитивање, ту за кафанским столом, врло незгодним питањима. Професор Гершић је био задовољан одговорима и уписао му оцену у индекс на лицу места. Игра је настављена. Дуго након његове смрти нико није хтео да седне на његову столицу. Сахрањен је са паклицом цигара, лепезом и шпилом карата.[34] Стога се да закључити да Лазаревић још из школских дана носи усађено уверење о штетности коцкања.

Митар је типичан пример окорелог коцкара, на каквог се може мислити или узимати за пример при свакој психолошкој анализи. Коцкари у почетку верују да могу да победе сваки систем и да имају више среће од осталих. Типичан патолошки коцкар почиње са малим улозима и уколико га у почетку послужи срећа, на правом је путу да постане опседнут коцкањем. Психолози тврде да постоје три фазе „развоја болести": фаза добитка, фаза губитка и фаза очаја. У Митровом лику се јасно могу пратити те фазе. Прва фаза – *фаза добитка:*

„Доносио је често пуне фишеке новаца."
„Извади иза појаса један замотуљак колик' песница, па баци на сто, а оно звекну: сам самцит дукат, брате!"

---

[34] *Српско наслеђе: Историјске свеске*, бр. 9, септембар 1998.

„Једанпут опет – јали је било десет, јали није – а њега ето из кафане. Накривио једну астраханску шубару, преко прсију златан ланац с прста дебео, за појасом један сребрњак искићен златом и драгим камењем. Уђе он, а као да му се набрала кожа око левог ока. Нешто је добре воље. Како уђе, извади сахат иза појаса, као сањим да види колико је.

– Зар си повратио?... – трже се. – Зар ти је већ оправљен сахат?

– Оправљен! – каже он.

– А какав ти је то ланац?

– Ланац као сваки ланац – каже он, али некако мекано, није да се издире.

– Знам, – каже моја мати – а откуд ти?

– Купио сам!

– А та шубара? То има само у Миће казначеја.

– Купио сам и њу!"

„Само нам пара даје колико које хоћемо. Ако иштем да купим легрштер, а он извади по читаву плету. За јело је куповао све што је било најлепше у вароши. Моје хаљине најлепше у целој вароши."

„Доносио је други пут и по два-три ахата и по неколико прстенова. Једанпут: једне чизме, једну ћурдију; други пут: коњско седло; после, опет: туце сребрних кашика; а једном: пуно буре лакерде и – сваких других комендија. Једанпут доведе увече вранца, оног истог, нашег. Сутра му купио нове 'амове: више ремени до ниже колена и бију га ројте по вилицама."

Друга фаза – фаза губитка:

„Губио је такође."

„Долазио је често без прстења, без сахата, без златна силаја. Кад, мој брате, опази мајка да он нема сахата! Прекиде се жена, пита га:

– А где ти је, Митре, сахат?

Он се намргодио. Гледа на страну, каже:

– Послао сам га у Београд да се оправи.

– Па добро је ишао, Митре.

– Ваљда ја нисам ћорав ни луд; ваљда ја знам кад сахат иде и кад не иде!"

„Неколико пута улазио је наш отац у нашу собу. Био је сав знојав. Намрчио се као Турчин.

– Дај још! – вели мојој мајци.

>   Мати му пружи.
>   – Дај све! – рече он.
>   – Последњих десет дуката! – рече она.
>   Он скопа оне новце и управо истрча из собе."

И коначно, трећа фаза – фаза очаја:

>   „Онда видех бабу... Стаде најзад под кров од амбара, па извади пиштољ.
>   – Митре брате, господару мој, шта си то наумио?
>   – Иди, Марице, остави ме... Ја сам пропао!
>   Како си пропао, господару, Бог с тобом! Што говориш тако!...
>   – Све сам дао! – рече он па рашири руке.
>   – Па ако си, брате, ти си и стекао!
>   Мој отац устукну један корак, па блене у моју матер.
>   – Ама све, – рече он – све, све!
>   – Ако ће! – рече моја мати.
>   – И коња! – рече он.
>   – Кљусину! – каже моја мати.
>   – И ливаду!
>   – Пустолину!
>   Он се примаче мојој мајци. Гледа је у очи, чисто прожиже. Али она као један божји светац.
>   – И кућу! – рече он, па разрогачи очи."

Људи огрезли у коцки заврше тако што више не могу да контролишу своје поступке „као масарош који данас да на карте пола имања не водећи рачуна што ће сутра доћи до просјачког штапа" (*Швабица*), и све подређују само тренутку коцкања. Ту је и симптом емоционалне растројености. Емоционални фактори који су укључени у ово стање су: неспособност да се прихвати реалност, емоционална несигурност, незрелост и недостатак самопоуздања. Коцкар се најбоље осећа када се коцка. Многи психијатри сматрају да патолошки коцкари имају потиснуту потребу за самоуништењем:

>   „Митре тако ти бога тако ти ове наше деце, остави се брате друговања са ђаволом. Ко се њега држи губи и овај и онај свет. Ено ти Јове карташа па гледај! Онакав газда па сад спао на то да прегрће туђу шишарку и да купује по селима коже за Чифуте."

Коцкари са овим проблемом желе да о себи створе слику добре личности, они живе у свету снова који задовољава њихове емоционалне потребе. Међутим, по правилу, никада се не досегне онај добитак који би омогућио да коцкар испуни снове о богатом и лагодном животу, вероватно због тога што увек осећа потребу да може да добије још већи добитак. Проблем у највећој мери почиње када коцкар схвати да је у тој мери упао у дугове да то више не може да прати и да то не може да реши. Тада је неопходна помоћ, и у првом реду то није помоћ стручних лица, већ чланова најближе породице, који подједнако страдају, јер једино љубав искрене и јаке породичне вредности могу човека са ивице повратити поново у живот у правом смислу те речи. А управо је то оно што је Лазаревић желео да истакне овом приповетком – да се темељи породице заснивају на љубави и праштању, а не на новцу и имовини.

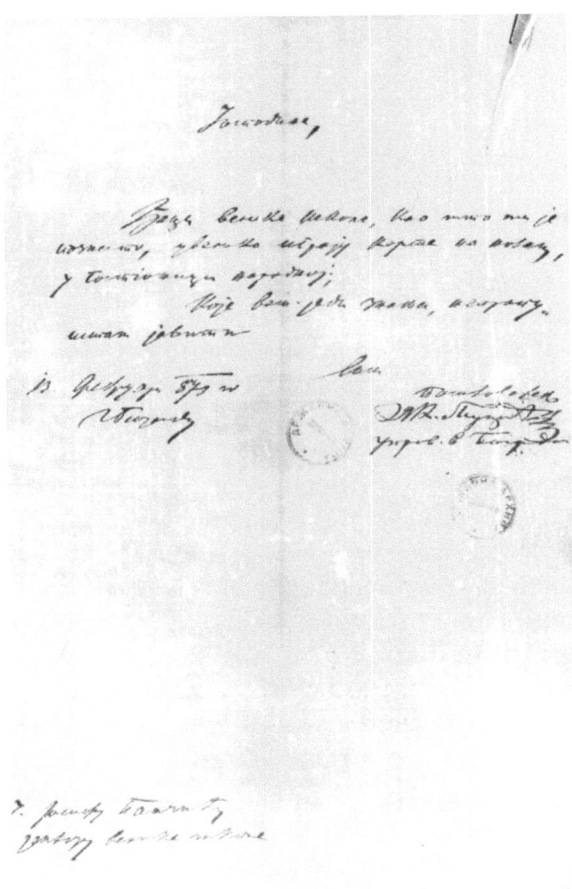

Писмо директору Велике школе којим се обавештава да се ђаци коцкају, 1870. год.

Не ваља то мазити дете и попуштати му, па да је једно у свету. Ама никако!

На бунару

Иако прототип за лик Митра није отац Лазе Лазаревића у приповеци се могу пронаћи многи аутобиографски елементи. Лазаревић је одрастао без оца, он није упознао у потпуности колико је значајно присуство оца за породицу и васпитавање деце. Сву нежност и бригу осећао је само са мајчине стране. Зато не постоји много љубави и интимности када је лик оца у питању, ти редови пуни су неког страха, поштовања, дистанцираности. И то није само у питању патријархални морал, при коме је отац, домаћин, строг и не показује емоције, јер, на пример, у приповеци *На бунару* најстарији у кући, ђеда Ђенадић, не либи се да пред свима пусти сузу и покаже своју наклоност према Аноки, док га на крају приповетке она, преображена, полива при умивању. Аноку је отац размазио и обожавао *(На бунару)*, а попу је кћи Мара била све на свету *(Школска икона)*. Оне су женска деца, и показивање наклоности према њима је можда било за очекивати, али и ту има загонетки, јер и самом писцу је нејасно колико је Аницу отац волео:

„Када би ме ко запитао колико је он волео своје дете, ја му не бих умео одговорити. Али само то стоји да је Јовина љубав према детету била подељена у неки чудноват, истина суверени, па ипак одани однос према Аници."

Лик оца је некако увек по страни. Присутан је када је васпитавање и образовање деце у питању, али не и када треба показати понос и приврженост. Ђици Ведел отац, професор на универзитету, није жалио ни труда ни новаца за њено образовање *(Швабица)*; Јанку је отац обезбедио добре учитеље „који су му и у граматичким анализама давали поучљиве примере, нпр., 'добар ђак добија похвалу'; али кад је пошао на пут, није добио од оца писмо у коме му жели срећу и добро, већ у ком су у седамнаест тачака била разложена сва правила паметног и доброг владања" *(Вертер)*. Младенов отац је Катанића дао, по свршеној нижој гимназији, у апотеку, помагао му да оде на курс и јамчио за њега кад је отворио апотеку на своју руку *(Вертер)*. Али у самом односу према својој деци очеви не делују ни изблиза тако марљиви и брижни. Митар је приказан као хладан:

„А знам, опет, кад је умро мој чича с којим је бабо ортачки радио и кога је јако волео. Моја стрина, мати, својте, ми деца – удри кукај, плачи, запевај, стоји нас вриска, а мој бабо ништа, ама баш ни сузе да пусти, ни 'ух!' да рече."

Он никада не показује емоције:

„Само кад га понеше из куће, а баби заигра доња усна, дршће, дршће; прислонио се на врата, блед као крпа, па ћути."

Ретко се, скоро никад, није смејао:

„На лицу некакав тужан и милостиван осмејак – није то никад пре било"; „Никад се није смејао, бар не као други свет... ја и сестра да умремо од смеха, а то се и оцу даде нешто на смех па неколико пута развуче мало леву страну од уста, и око левога ока набра му се кожа. То је била велика реткост, и ето тако се он смејао када се десило штогод где би неки други развалио вилице да би се чуло у Тетребову механу."

Митар је и строг:

„Озбиљан преко јего, па само заповеда, и то он једанпут што рекне, па ако не урадиш, – бежи куда знаш! Осорљив је и увек хоће да буде по његову, тј. нико се није ни усуђивао доказивати што противно њему. Кад се здраво наљути он псује алилуј. Тукао је само шамаром, и то само једанпут, али, брате, кад одалами од часа се пружиш! Лако се наљути; натушти се, грицка доњу усну, десни брк суче, а оне црне очи севају. Јао! Да онда неко дође да му каже да нисам знао 'алекције'! Ја стрепим од оних очију: кад их превали, па као из праћке, а ти, не знаш зашто ни крошто, цептиш као прут."

Митар је непопустљив, увек озбиљан. Улива страх својим очима и моралним назорима и никада не показује, чак ни најмањи знак нежности:

„Ја се не сећам никада и никака знака нежности од њега. Покривао нас је, истина ноћу кад се откријемо, и није нам дао да се надносимо над бунар и пењемо на дуд – али шта ми је то? То раде и други очеви, али купују и деци шећерлеме, златне хартије и лопту од гумаластике, што скаче са врх јаблана."

Ипак како сам писац каже, некада је било другачије:

„Причала ми је мати, био је он сасвим други човек, и ја се сећам као кроз маглу, како ме је често држао на крилу док сам био сасвим мали, правио ми од зове свирајку и водио ме са собом на колима у ливаду."

У приповеци *Први пут с оцем на јутрење*, у којој се дечак дистанцира од Митра, мрког, озбиљног и строгог, чак деветнаест пута се понавља реч отац, и ниједном није употребљен другачији израз. Ниједном га не ословљава блискије, топлије *бабо* или *тата*, иако зна да их, и поред таквог држања, воли:

„Нас је децу, као и мајку, волео, није вајде, то се види."

Исто је осликан и лик газда-Јована, Илинкиног оца из приповетке *Стојан и Илинка*. И он је строг и дистанциран. Често је одсутан од куће, не показује емоције према детету, нити је од ње очекивао доказивање љубави, већ само оно што је било толико карактеристично, а то је, донекле, показивање поштовања и послушности према оцу, према старијем, према глави породице:

„Сам Јова био је слаб педагог. Из целе те дисциплине није знао ништа више до 'поштуј свога старијега'. Па ни то не би умео својој ћерци улити у главу, да сама његова појава, као и прилике у којима је живела цела његова кућа, нису уливале поштовање. У кући је био само кад је требало ручати, вечерати или спавати. Ни са Илинком, ни са Аницом, и да је хтео, није могао говорити ни о пословима својим, ни о општим, о чему су се онда људи више и искреније бавили него данас. Аница је сваког јутра излазила на 'рапорт' с рукама на појасу, полажући рачун о јучерашњем и 'предрачун' о данашњем дану".

Он се питао око свега везано за кућу, он је одлучиво о свему, и једино је могло бити компромиса и договора када су у питању били оброци и кухиња, што би пак требало бити само женска ствар. Као и Митар константно је озбиљан:

„Илинка се осети застиђена и не знајући зашто, и посрамље-
на, слушајући свога оца да пева, њега кога она никада није виде-
ла ни да се смеје."

Митар се на самом крају приповетке, пред самим сломом сетио
своје деце: „Откад их нисам видео!" али и то је изречено тек након
што је мати прва изговорила: „извешћемо нашу децу на пут". Тиме
што се Митар преобразио и што је на крају нашао снаге у својој деци
и породици, тиме што је отац својом љубављу вратио Мару, Лазаревић
као да даје „нову шансу" очевима. Даје прилику за један нови почетак,
почетак другачијих породица у којима је отац константно присутан и
са мајком изједначена фигура. Нови почетак који предвиђа другачији
ток ствари. Баш као што је капетан у *Све ће то народ позлатити* први
пут пригрлио свог сина, и чинило се као да га никада из наручја испу-
стити неће. А тако би то у животу и требало да буде. Донекле, Благоје
казанџија је потпуна супротност Митру. Он отворено показује своје
емоције, брижан је и пун љубави према свом детету:

„Него не бих га, опет, смео товарити на кола. Истина, његов
друг Јоле каже: лако је рањен, сасвим лако; али, знате, рана је, а
ја бих њега на кола!"

Он скоро мајчински стрепи над животом сина и страхује од свега што
би му се могло догодити:

„– Што ли, Боже? – рече опет казанџија. – Ваљда..., та да...
овде и нема Турака... А лађа се ваљда и не може бобандирати?"

„Читалац ће се врло огрешити ако помисли да је Благоје ка-
кав чангризало, – боже сахрани! Сада је он само у грозничавом
стању од нестрпљења, па тражи само себи занимања. Пристао би
он сад и да се бије, и да га бију – само да му прође време. Није
он, иначе, био баш ни врло разговоран човек, и вечерашње њего-
во управо нападање на свакога кога сретне беше само очајнички
покушај да разагна чаму."

Ипак, он није приказан као отац који се брине и стара о свему, нити,
због своје старости то може. Веровао је, као и други очеви, да је збри-
нут и сигуран, стога му старост и немоћ да ради као некада није то-
лико тешко падала јер је знао да је његов син крај њега. Целог живота
се бринуо о њему и радио за њега, али сада то више не може. Сада
се улоге мењају и њега ће, старог, издржавати син. До краја живота,
требало је да се његов син брине о њему, јер то је у патријархалном
времену у којем су живели било неко неписано правило, које је ста-
рим очевима уливало сигурност и безбрижност:

„– Мој син? – Казанџија! Ех, да видите како тај ради. У њега рука, видите, овде дебља него у мене нога овде. Ја сам због ових оскудних времена продао све што сам имао – шта ће ми? – само сам алат оставио. Али док је његових руку и алата, биће нама двојици хлеба, па баш да нас је и десеторо."

Али, његов син то није могао учинити, нити ће икада моћи. Обојица су сад забринути над својом судбином и свесни да ће њихови животи зависити, не од њих самих, не од њихових десет прстију, већ од неких страних, непознатих људи. Од неких странаца који ће им додељивати издржавање из инвалидског фонда; од љубазности и пажње пролазника, који ће им, можда, бацити по који дукат. Од сажаљивих погледа и самилости грађана. Од доброте људског срца. И Благоје и његов син, најодном су постали свесни тога да су њихови животи од тог трена нешто што ће проживотарити, мучно подносити до самог краја, а не нешто што ће пуним плућима, сретно проживети. Свесни су да су сада упућени један на другога много више него раније, упућени нераскидивом нити, суморном и тешком, као тешким бременом које ће целог свог века носити на својим плећима. Зато је ово једино место у целом књижевном опусу Лазе Лазаревића у коме отац није – *отац* или *бабо*, већ *тата*. Реч која је много топлија и блискија од речи отац или бабо, реч која је у тим временима ишчезавала још у раном детињству, можда већ са првим ашиковањем или шегртовањем. И син, поодавно стасао и давно прерастао и ашиковање и службу, на крају приповетке понавља ту реч у дијалозима чак пет пута, којом као да тражи сву помоћ коју му отац може пружити:

„– Тата! – викну војник милостиво окрећући се на једној нози и подупирући се штаком. – Тата! Та ево ме!"

Тиме као да је желео да му покаже да је он поново попут детета, немоћан да се стара о себи, јер он је инвалид, који се као такав више не може уздати у својих десет прстију, већ само у свог оца. Тај храбри младић, који је својом снагом могао вући топ и коме би више приличило да буде тобџија, а не пешак, та прилика од чијег те погледа страх ухвати, како каже Благоје, сада не може сам чак ни узети милостињу коју му пружају, већ све даје оцу:

„– Хвала, господин-капетан! – рече војник, исто онако поздрављајући капетана. – Држи, тата! Ја немам руке.

– Ево и ја ти дајем моју ћилибарску лулу. Вреди два дуката – рече Стево практикант.

– Хвала, браћо! Држи, тата!

– Ево ти да купиш дувана! – рече Маринко магазација и пружи му неколико дуката.

Војник, с муком придржавајући штаку, скиде капу и подметну је магазацији да тури у њу новце.

– Хвала, брaћо. Држи, тата!"

Донекле Благојева судбина слична је судбини Ђорђа у *Ветру*. Ни он више неће моћи радити јер лека за његову болест нема. Неће моћи да издржава ни себе, а камоли ћерку, за коју је Јанкова мајка, чувши за његову болест, одмах закључила: „Сиромах Ђорђе! Сирото оно дете!" И он ће, како Лазаревић каже, „пасти општини на терет", а општина нема нити службе, нити довољно новчаних средстава да би се обезбедио нормалан живот. Примаће, вероватно, неку бедну помоћ, и стога се, као и Благоје, узда само у Бога, и теши се „даће бог", „бог све може", јер других могућности, и сам је свестан тога, нема:

„Па што сад мислиш, брат Ђоко?

Он јој рече пошто више не може радити заната, да је наумио тражити службу.

– Каку службу, брат Ђоко?
– Па тако! На пример, код општине штогод. На пример... ја... тако... Ето, могао бих, на пример, како ћу ти казати?
– Оно јест, тако је – рече мати."

И као да се нешто мучно осети у ваздуху, остадоше без речи, јер обоје су знали да су то само пусте и празне приче којима се теше.

1879.

СРПСКА ЗОРА.

ИЛУСТРОВАНИ ЛИСТ ЗА ЗАБАВУ И ПОУКУ.

ИЗДАЈЕ И УРЕЂУЈЕ

ТОДОР СТЕФАНОВИЋ ВИЛОВСКИ.

ГОДИНА ЧЕТВРТА.

У БЕЧУ, 1879.
ШТАМПАРИЈА ЈЕРМЕНСКОГА МАНАСТИРА (В. ХАЈНРИХА).

САРАДНИЦИ „СРПСКЕ ЗОРЕ"

У ГОДИНИ 1879.

Миша Димитријевић у Новоме Саду. — Едвард Јелинек у Прагу. — Змај-Јован Јовановић у Београду. — Др. Милан Јовановић у Трсту. — Богољуб Јовановић у Београду. — Ф. Каниц у Бечу. — Др Лазар Костић у Бечу. — Милан Кујунџић у Београду. — Др Лазар Лазаревић у Београду. — Паја Марковић у Бечу. — Андрија М. Матић у Новоме Саду. — Танасије Ј. Миленковић у Београду. — Љубомир П. Ненадовић у Ваљеву. — Стојан Новаковић у Београду. — Др. Јован Пачу у Вел. Кикинди. — Милош Пејиновић у Београду. — Мита Петровић у Сомбору. — Сава Петровић у Новоме Саду. — Иван В. Поповић у Бечу. — Ђорђе Рајковић у Новоме Саду. — Јован Симеоновић Чокић у Ср. Карловцима. — Мајор Јован Стефановић Виловски у Бечу. — А. Тресењак у Бечу. — Милорад П. Шапчанин у Београду. — Ј. Це у Земуну.

Прва редакција приповетке Први пут с оцем на јутрење,
у Српској зори 1879. год.

— А какав ти је то ланац?
„Ланац, као и сваки ланац — каже он, ал' некако мекано, није да се издере.
— Знам — каже моја мати — а откуд ти?
— Купио сам!
— А та шубара? то има само у Миће Казначеја.
— Купио сам и њу!
— Продао ти?
— Продао!
— А какав...

— А шта ћу — каже сестри — с овим новцима? Ово је проклето... Од овога не ваља ништа купити у кућу... Ово је ђавољско... Ово ће ђаво однети, као је и донео.
Као што видите, нема ту среће ни живота; и тако је моја мати била несрећна, и ми смо сви уз њу били несрећни.
Некада, причала ми је мати, био је он са свим други човек, а и ја се сећам као кроз маглу, како ме је често држао на крилу, док сам био сасвим мали, правио ми од лозе сви-

Па ипак, смешно је казати, ал' опет, опет је он био добар човек. Јест, бога ми! Ал' тако...
Један пут врати се он у неко доба кући. Није сам. Чуди се моја мати. Прође он још и неким поред врата, нешто полако гунђају. Одоше у авлију. Чујемо ми мало после коњски топот и храње. Не знам ја шта је то?
Кад он после уђе ја почех хрватн и моја се сестра учини да спава. Назва добро вече, па ућута. Ћути он, ћути мајка, чекам ја.

Малоруси.

Ал' ту мој отац погледа некако преко ока моју мајку. Она умуче.
Он се уде скидати. Гледам испод јоргана. Извади иза појаса један замотуљак, колик песница, па баци на сто, а оно звекну сам самцит дукат, брате.
— На — рече — остави ово! — На онда изиђе у кухињу.
Моја мати узе ону хартију некако само с два прста, као кад диже прљаву дечију пелену

рајку и водно ме собом на колима у ливаду. Ал', каже мајка, од како се почео дружити с Мићом Казначејем, Крстом из Маковине улице, Озбректом апотекаром и још тамо неким, све се окрену, и није као не треба. Обрецује се. Не трпи никака запиткивања, одмах се испречи: „Гледај своја посла!“ или: „Немаш ти друге какве бриге?“
Није вајде, казао сам ја: видео је он сâм, да не ваља, шта ради; ал' га узео будибогснама на своју руку, па га не пушта

Онда моја мати отпоче, а глас јој промукао:
— Одведоше вранца!
— Одведоше, каже он.
Опет ћуте само моја мати час по усекује се, а ја чисто осећам, како плаче.
— Митре, тако ти бога, тако ти ове наше деце, остави се, брате, друговања с ђаволом. Ко се њега држи губи овај и онај свет. Ено ти Јове картаџа, па гледај! Онакав газда, па сад спао на то, да препрее тубу

пишарку и да купује по селима коже за Чифуте. Зар ти, за бога, није жао, да ја под старост чекам од другога кору хлеба, и да ова наша дечица служе туђину... Па онда поче јецати.

— Мој се отац испречи:

— А шта си ти узела мене заклињати дечом и плакати нада мном живим? Шта слинши за једном дрољом? Није он мене стекао него ја. Сутра ако хоћеш да куним десет!

Моја мати плаче још јаче:

— Знам, Митре брате — каже она милостиво.

— А' хоће душмани све однети. Остави се, брате, тако ти ове наше нејачи, проклете карте! Знаш да смо ми на нашој грбини и крвавим делом стекли ово крова над главом, па зар да ме којекакве наслеђе на мог добра истерају?...

— А ко те тера?

— Не тера ме нико, брате, ал' ће ме истерати, ако тако и даље радиш. То је занат од бога проклет!

— Ама сам теби сто пута казао, да ми не попујеш и не слиниш без невоље. Није мени ваљда врана попила памет, да ми треба жена-тутор!

Бути племенита душа. Гуши се. Ни суза нема више. Оне теку кроз прси, падају на срце и камене се.

Дан за даном, а он све по старом. Доносио је често пуне вишепке новаца. Губио је такође. Долазио је често без прстења, без сахата и без златна синџа. Доносио је други пут и по два три сахата и по неколико прстенова. Један пут једне чизме, једну бурђију, други пут коњско седло, после опет туце сребрних кашика, а једном пуно буре лакерде и свакојакиа других комедијанла. Један пут доведе твора и врапца, оног истог нашег.

Сутра му кувни ноке зможе, вноси реке не књиге колена и бију га ројте по винцима. Упрегао га је кола у столицу турно на дућајева врата, па ироз прозор ми читају плету.

Ми смо већ били и огуглали. Кака и мати плакала и бринула је. Како да није, болан? Трговина забаћена. Момак се лади по један опуштен. Све иде као у несрећној кући, а новци се трошиду као кипа.

Поче богме они његови пајташи долазити и нашој кући. Затворе се у великој соби, упале по неколико свећа, звечи дукат, пуши се дуван, клиши карта, а наш момак Стојан не престаје пећи им каве (сутра дан показује по неколико дуката, што је надобијао напорпуну). А наша мати седи с нама у другој соби; очи јој црвене, лице бледо, руке сухе и час не понавља: „Боже, ти нам буду пријатељ!“

И тако се он сасвим одвоји од куће. Само вути. Матери нивад не гледа у очи. Нас децу не милује, на осорне речи да рекне, а камо ли блаке. Све бежи од куће. Само нам пара даје, колико хоћемо. Ако шетто ја купим дегртуја, а он навади по читаву плету. За јело је куповано све, што је било најскупе у варани. Все хаљеле нашне и сестре у цео пиколи. Ал' опет нешто ми је тако тешко било гледајући моју мати и сестру: чешто постерале, бледе, тужне, озбиљне, никуд под навим богом не иду, ни на славу себи од дана и „пуставје“. Код нема се женске слабо долазиле већ сами људи и то готово све саме оне „дуне“ и „пустаје“. Као што их је моја мати назва. Дуван готово и не ради: „Зар ја" — каже мој отан — „да мерим гејану за двадест пара чината? Ено му Чкфуту!“ — Мати не сме више ни да прословна. Каже, један пут јој казао: „Јеси чула ти, разуми проклети пут већи: ако ти мени нитло један пут јоши што о томе прослових, ја ћу сетина нуку, па се неситити, а ти онде понуј кому хоћеш! Упамти добро!“

(Свршиће се.)

ПОСЛЕДЊА ВИЛА.

Роман Х. Балзака.

С француског оригинала превео М. П.

(Наставак.)

— Па добро! закуните ми се да ћете поћи за мене ако у овом писму стоји моје наименовање, или ако ми се даје нада за да бити наименовани.

— Да пођем за њега!... поновн Катарина погледајући час оклопника, час писмо, час Авеља.

Сви их окружише и очекиваху с нестрпљењем. Жак беше немиран јер се хтеде открити тајна односно његовога тако знаног кредита и Катаринина судба беше у његовим рукама.

Катарина гледаше у лампу, мишљаше да се не ће ни на шта велико обвезати.

— Али, говорише она, венију који има сву моћ, разрешио би ме од мога обећања, кад би ме Авељ љубио.

Она обећа пред целим скупом да ће поћи за оклопника ако му писмо давало наду да буде прималац данка, и отац Грнвани даде своју реч заједно са својом ћерком.

Оклопник се промени у лицу кад виде да коверта има у унутра, и тишина завлада. Авељ погледаше час пооорио дубоктимирно и не разумевајући ништа од тога.

До год је трајала ова свечаност беше он немаран као у меланколији, и мишљаше само на своју виду, мало се радоваше срећи која је била његово доле.

Тек што је Катарина препла очима прве редове, сави писмо и даде га Жаку Бонтану, који помисли, као и све село, ће му Катарина постати жена, прималац данка задрхта, али се нимало не радоваше, јер на лицу Бонтановом не показиваше задовољство.

И заиста, ево шта је било у писму:

„Господине!

„Његова ексценција разгледавши на начин којим сте ми написали своју молбу, и успомена на обвезу коју је господин прима вама имао, једина вас је сачувала од последњег његовог гнева. Опадати, још вас војник рђаво је средство да постигнете своје цељи; чиновник, коме тражите да судски одузмете звање поштен је човек и увек је добро испуњавао своју дужност: они у толико време служио да буде стављен у пенсију, и стил у вашој молби није могао побудити његове ексценције да вам нађе друго звање и т. д."

Жак Бонтан, поражен, чудно с нежности Катарининој, али кад виде Грнванија да га гледа у какву је вест добио, не беше му друге помоћи но да прикупи сву својеу смелост; он му одговори да ће бити наименован на место примаоца данка, чим би се нашло какво друго место за садашњега примаоца данка.

— На добро, махните се тога господина Бонтане, рече прималац данка, прималац из Л*** скоро ће умрети, нека ми се даје тај особени приход, ја вам уступам с драге воље моје место примаоца данка.

— Видећемо!... одговори Бонтан начинивши се као какав благонаклоњени министар, видећемо.... кроз неко време.

Оклопник је замишљено посматрао Авеља и Катарину и дрхтао од бесниоа, изједнал пут видеши пантејаев што држаше лампу, паде му на памет мисао да је задобије.

— Ако ти та лампа, говорише он у себи, дала двадесет хиљада франака, хаљине, брдни, ако је тако моћна кака што се вели, то ће венију, што ће ми бити на услуги израдити да задобијем то место.

За тим, кад се свечаност баш хтеде завршити, кад се ноћ приближи и кад Авељ говораше о своме одласку, Жак Бонтан пробудио се до бурдаци, са маказама у руци, одсече панталане, изграби драгоцену амајлију и пре но што то Авељ опази оклопник беше већ далеко, као имајући драгоцена ововога чуварства адивара, и у најковојој радости.

Жилета и Катарина одведоше Авеља до његове колебе, Калибан га је чекао с највећим нестрпљењем.

Растајући се с обема девојкама, он их загри девојачком невиношћу, и Катарина, вративши се у своју скромну собу, клече на колена, ватрено се захвали Богу што је на пређашном дану: полубац Авељов, сасвим невин, горише јој још и усна.

XII.

Авељ у вилинском царству.

„Лукави оклопник не задовољи се што је имао лампу у својим рукама, он понери у једном од својих старих другова, и у по ноћи они беху тамо с амајлијом, ако купа Лафонтенова са својих сто талира; нису знали где да сакрију своје благо.

Оклопник незнајући за неумесности које је требало испунити, па да се осијаи веније лампе, беше тршо и вшкао, али ништа на доле. Примуђени беху чекати док не сване, и Жак се Бонтан решни да позна од Катарине што ваља радити с овом амајлијом.

Војник дакле оде код Катарине, и после многог околишивања запита, како ће она сии кеммичаре; па правећи се да не верује у моћ лампе, учини да му Катарина потанко испричава све тајне да би се лампа могла узети.

Тада кад ноћ настун, капрал се поврати са својим другом на брежуљак и по што је потражио и нашао камен, позва венију, који не устана с тога не покорношћу.

Оклопник и капрал зачудени вилинице и чудише се томе што беше пред њима, лепоти девојке која их је гледала с чуђењем, клањајући се због држала лампе, и дивно заборавље што су желели.

— Дао бих своје од лампе, рече хусар показујући на лампу да могу задобити овога малога венија.

— Шта хоћете? повтори дивотни глас тихо.

— Хоћу, рече оклопник, да одмах задобијете за Жака Бонтана, старога капрала над оклопницима гарде место примаоца данка опистичне В*** и да је могуће опер приманоца на „Л*** за онога што је сад приманоц данка, не треба оштетити никчиј интерес.

Црнац и веније погледаше се, Африкалица нестаде и опет се с пута поврати да најниже но дикарску Жаковом око што хоће.

Кад то би учињено, венија новика мадушити својим златним појасом:

— Пре него што дахнете шест хиљада пута, пре но што угледате три зоре и три вечерње росе, бићете задовоаним.

Плавнасторт имење нестаде испод њиховог престола и они ништочеме остализани оба војника у највећем чуђењу.

(Наставиће се.)

Прокопије Ивачковић,

патријарх српски, архиепископ и митрополит карловачки.

(Види лик на стр. 121.)

Патријарх Прокопије Ивачковић родно се год. 1809 у Делиблату (у бившој српско-банатској граничарској пуковинији), где му је отац парохом био. Српске школе свршио је у

7. Кућа Лазе Лазаревића

На самом крају приповетке *Први пут с оцем на јутрење* може се уочити још један аутобиографски мотив. Наиме, приповетка се завршава губљењем куће и разговором о градњи нове куће. Митар је све прокоцкао, новац, углед своје породица, свој лични углед, али коначни слом у њему десио се када је прокоцкао на крају и саму кућу. Чини се да би се све друго могло поново створити, обезбедити, купити, али губљење куће представља најјачи и најтежи удар. Митар је супруг, отац и домаћин у једном тешком и патријархалном времену. Већ је било речи о томе колико је бити домаћин носило са собом одговорности и јачине. Стога, Митар је требало да буде неко ко ствара, обезбеђује кров над главом, а не рушитељ породичног дома. А симбол породице је домаћинство, кућа, имање. Губљење куће представљало је губљење породице. И не само губљење крова над главом, већ и свега онога што кућа представља за породицу: огњиште, породичну топлину, сигурност, заштиту, породични опстанак, најснажнији ослонац, безбрижност. Колико је све ово тачно најбоље сведоче чињенице из самог живота Лазе Лазаревића. Његова породица је преко двадесет година водила парницу око куће. Наиме, када је Кузман већ увелико био одмакао са зидањем куће, њихов први сусед их је тужио, тврдећи да се један део куће налази на његовом земљишту. Захтевао је прекид зидања и рушење или присвајање дела куће који није на имању Лазаревићевих. Након много година суђења суд досуди да се суседу исплати преко осам стотина дуката за надокнаду земљишта. Породица Лазаревић уложила је жалбу, те се спор настави још десетак година и на крају заврши поравнањем. Лаза Лазаревић је тада већ увелико био лекар, а његов отац није доживео ни прву пресуду.

„Ти знаш да нам је отац оставио кућу, да не трпимо срамоту. Та је кућа ваша, он ју је мени наменио само зато да је ја вама предам. Ево вам је! Чекај само док се сврши парница, било црно било бело, нама остаје још толико да се с децом ви прехраните док се ја одовуда не вратим."[35]

Иако се на крају све добро завршило, тај страх око губитка дела куће и плаћање суседу одштете усадио се у све њих и био им пратилац годинама. Зато писац наглашава значај куће у својим приповеткама, и зато је представља као полазиште за изградњу чврсте, стабилне и јаке породичне везе.

Зато Лазаревић и помиње често кућну славу и свеца, светог Ђорђа, заштитника куће:

„Онда скочи, упали свитац па прижеже кандило пред светим Ђорђем. – Одите, децо, молите се Богу да нас избави од пропасти! – рече она. Глас јој звони као звоно, а очи светле као вечерњача на небу" ; „То о Ђурђеву дне"; „У цркву је ишао само на Ђурђевдан, у кафану свако вече." *(Први пут с оцем на јутрење)*

Светог Ђорђа помиње и у *Одломцима и белешкама*: „Једног дана првога по Ђурђеву дану". У првобитној верзији приповетке *Стојан и Илинка*, као и у одломку *Вучко*, један део радње дешава се баш на Ђурђевдан („о Ђурђеву-дану..."). Није случајно што се у приповеткама помињу баш свети Ђорђе и свети Никола, јер свети Ђорђе је била кућна слава његове сестре Евице и зета Марка, а светог Николу је славио сам Лаза Лазаревић. Доказ за то налазимо у Лазаревићевим писмима. У накнадно пронађеном писму, које је први пут објављено у сабраним делима, он честита сестри и зету светог Ђорђа: „Ви сте толико пута праштали мојој заборавности и нехотичности, па стога се надам да ћете и сад по старој доброти вашој не примити ми за зло, што сам сасвим смео с ума да потражим по календарима Ђурђев дан. Као да ми удари шамар мој друг, кад рече ми: прође и Ђурђевдан! Али већ беше доцне. Ништа мање ја вам га сад честитам, желећи вам свака добра и среће. Тако исто честитам ти, Марко дан, да Бог да да се дуго у здрављу и весељу окупљамо ја и ти на Ђурђев и Марков дан. Је л' да се не срдите што вам нисам на време честитао?"[36] Једно друго писмо сведочи да је светог Николу славио сам Лаза Лазаревић, он пише својима:

---

[35] Писмо сестри, Берлин, 23.VIII 1872.
[36] Писмо Марку и Евици, Берлин, 14. V 1874.

„Пре свега вам честитам светог Николу. Дабогда у здрављу да га дуго сви скупа дочекујемо веселије и срећније него ове године. Ја доћи не могу, и већ више и не покушавам, а волео бих кад би ти Поло, код куће примала тог дана госте, јер напослетку то није мој светац, него светац куће. Хтео сам чак у новинама да зовем госте, мада сам ја ван куће, али нисам то учинио што ми изгледа кокетерија."[37]

Колику је важност за Лазаревића имала кућна слава види се по самим приповеткама. Стојан Илинци изјављује љубав баш пред иконом светог Николе, капетан у *Све ће то народ позлатити* мисли на своју кући и икону светог Николе у њој, а у кући *Баба Вујке* „о зиду према истоку", стоји икона „свети Никола с китом суха босиљка". Икона је увек на најважнијем месту у кући, и под иконом, и пред њом, одигравају се најснажнији, најемотивнији и најважнији тренуци. Марица се са децом моли пред иконом за оно што јој је најважније у животу, Митра, кућу, дом:

„Онда скочи, упали свитац па прижеже кандило пред светим Ђорђем.

– Одите, децо, молите се Богу да нас избави од пропасти! – рече она. Глас јој звони као звоно, а очи светле као вечерњача на небу.

Ми потрчасмо њој под икону и сви клекосмо, а Ђокица клекао пред мајку, окренуо се лицем њој, крсти се и, сироче, чита на глас ону половину Оченаша што је већ био научио. Онда се опет крсти и љуби матер у руку, па опет гледа у њу. Из њених очију теку два млаза суза. Оне беху управљене на свеца и на небо. Тамо горе беше нешто што је она видела; тамо њен Бог ког је она гледала и који је њу гледао. И онда јој се по лицу разли некакво блаженство и некаква светлост, и мени се учини да је Бог помилова руком, и да се светац насмеши, и да аждаја под његовим копљем зе'ну." *(Први пут с оцем на јутрење)*

Сваки усамљени дан Баба Вујке, из истоименог одломка, почиње клањањем икони:

„Баба Вујка устане изјутра рано, пре ного што се сунце и мисли изаћи. Крсти се ваздан док се не дигне из кревета. Набаци на себе 'фланерку', па изађе напоље, помилује Амину која је поздрави пред вратима, па онда се умива. Онда поново иде под икону, крсти се, метанише, клања се, а уста јој се мрдају, затварају и

---

[37] Писмо из Ниша 3. XII 1885.

отварају, али не чујеш гласа, па ни шапата, све иде нечујено, као да отвараш и затвараш неку стару бурмутицу."

Пред иконом је највише суза пролила и Вучкова мајка. Због синовљеве одлуке да иде у хајдуке она тражи спас од иконе:

„Вујка још за њим мољакаше и преклињаше, после се обисну Вучку око врата, и кад се он после читавог сахата отрже од ње, паде она под икону и дуго, дуго јецаше." *(Вучко)*

Стојановим осећањима светац је сведок, јер он их саопштава Илинци, циљано, испед иконе, и на истом месту очекује Илинкину искреност:

„У његово осећање љубави и преданости уђе нешто свечано, узвишено, озбиљно, црквено.
– Илинка, – рече он – ви знате да сам ја наумио...Ви... да ли ви? [...]
– Кажите ми! – рече он и притиште јој пољубац на уста [...]
– Реците ми овде под овом иконом, пред оним горе!
Она упола отвори очи и виде светитељеву слику поврх себе. Тада обрте поглед на њега, и њена усна лако дотаче његове."
„Овде... – мишљаше он и погледа побожно горе у икону, а душа му се благодарно понесе горе, поврх свега овога што се зове свет, овде си и ти моја, пред овим великим сведоком који је мој корак упутио ка теби и чију руку осећам на мојој глави." *(Стојан и Илинка)*

Иконија се у јутру Мариног одласка, чини се у најтежем тренутку њеног живота, прво прекрстила пред иконом:

„Стаде под икону и помоли се Богу, па одважно приђе кревету. Метну ђетету руку на чело: – Маро, сине, устани!" *(Школска икона)*

Баба Вујки, самој и усамљеној, утеха је слика свеца, пред којом кандило гори и дан и ноћ. Пред иконом је увек босиљак и света водица, и то је истим речима описано у двема приповеткама:

„Онда мати узе суву киту босиљка што је стајала за иконом и стакленце с богојављенском водицом што је висило под иконом [...] поквваси оном водом босиљак, па, нешто шапћући прекрсти њиме собу." *(Први пут с оцем на јутрења)*
„О зиду према истоку св. Никола с китом суха босиљка, стакленцетом богојављенске воде." *(Баба Вујка)*

И кандило је увек упаљено: „и кандилом које је горело дан и ноћ" *(Баба Вујка)*; „а пред иконом дршће пламичак у кандилу" *(Први пут с оцем на јутрење)*; „Собу је освјетљавало кандило које је горјело пред иконом" *(Школска икона)*.

А свакако да је најбољи пример поп у *Школској икони*, коме је управо икона важније од самог живота:

> „Шљеме бјеше све у пламену. Пуцају рогови и греде, већ је таван дохватило; а у школи се свијетли као у по дана. Уједанпут загрмје попов глас:
> – Икона! Икона!
> [...] и ми угледасмо попа у пламену. Држи икону и дигао је више главе. А он стоји. Црвен га пламен обасјао, бијела брада прекрила прса, дигао икону више главе и кроз онај тутањ и праску чусмо његов јасан глас, пјесму и ријечи: '... первје бо пришел јеси, свјетитељу Саво...'"

Лаза Лазаревић је створио читав ореол око куће, али и око мајке и њене значајне улоге у породици. Јер како је кроз цео тај мучни процес суђења и борбе око куће пролазила сама мајка Лазе Лазаревића, утолико је она постала још јача карика у породици, те се појачала његова приврженост и везаност, не само за кућни праг, већ и за њу саму, као носиоца породице и њеног борца. Стога Марица не пребацује и не криви Митра за губитак куће већ га подржава, ставља се у улогу заштитника и теши га како се све може поново изградити. „Изговара речи 'Ако ће!' које нису ни у временском ни у персоналном складу са текућом ситуацијом. Марица не употребљава очекивани перфекат, не изговара 'Ако си!', већ јој писац намеће речи које имају свевремено значење и доказују њено праштање, како сада, тако и у будуће." Јер Марица је мајка, домаћица куће и као таква је уздигнута толико да ништа не може нарушити њену величину. Свакако, није се могло очекивати да Лазаревић ослика Марицу љутиту са речима прекора, већ сасвим супротно – што је Митар лошији, то је Марица све узвишенија и светија. Марица је неко на кога се свакако може и треба угледати, док је Митар сасвим супротно. „Реплике у њиховом дијалогу градацијски се појачавају и надовезују, као надовезивање црепа на цреп, те се из тих реплика стиче утисак о убрзаној градњи нове куће, и њеном окровљавању. Управо њен кров, који има највећу заштитничку улогу, увукао се у структуру дијалога. Митар и Марица су толико желели нову кућу да су је несвесно и језиком градили."[38]

И овде је кућа симбол породичног опстанка и сигурности, етичка и

---

[38] Николић, Милија: *Форме приповедања у уметничкој прози Лазе Лазаревића*, Београд, 1973.

духовна вредност, поетски и животни мотив, полазиште са кога се граде сви људски и породични односи, као и у приповеци *Све ће то народ позлатити*:

„Капетан је опет озидао кућу на истом месту у Књажевцу. Покрио је, истина, као што се каже, хартијом, али му је жена весела, и синчић здрав, и чупа га већ за бркове."

Кућа као полазиште одакле се граде сви ослонци наведена је и у одломку *Побратими*. У одломку се помиње како је мајка дошла са сином у велики град, где ће он наставити школовање, и прво што је урадила купила је кућу. Лазаревић везу *мајка – кућа – дом – огњиште* приказује речима:

„Научена да седи у својој кући, она је формално боловала за кућом, и на месец дана по доласку у Београд, намери се на једну кућицу и купи је. Кућа ова била је у улицу 'Два бела голуба'. Такијех кућа још ће се и данас наћи на периферији наше престонице."

У Београду Лазаревић је живео у Хиландарској улици бр. 7. На оном клину који данас раздваја Хиландарску, Светогорску и Македонску улицу, налазила се некад кафана по којој је цео тај крај града понео име, па чак и улица која је почињала ту, код ње, а продужавала до Палилулске пијаце. Реч је о кафани 'Два бела голуба' и о истоименој улици, (касније су ту живели Бранислав Нушић и Стеван Сремац), која је, променивши подоста имена, сад позната као Светогорска. Стога није случајност што Лазаревић помиње баш улицу Два бела голуба, будући да се она налазила поред улице у којој је живео. Улица се налазила (као и данас) на Палилули, и зато Лазаревић помиње у приповеткама Палилулску цркву, јер је она била најближа његовој кући:

„– У којој је цркви био?
– У саборној! – Он је знао да она иде у палилулску." *(Стојан и Илинка)*

И поред свега, чињеница је да ниједан лик оца у Лазаревићевом делу не може да надјача лик мајке, јер мајци је безгранична љубав Лазе Лазаревића дала примат, свеприсутност и незамењивост у његовом животу и, свакако, у његовим делима. То је најочигледније у упоређивању оца и мајке у *Први пут с оцем на јутрење*, где је отац „увек хладан, осорљив, гори од туђина, па то ти је! А она, сирота, добра, брате, као светац". „Лазаревићева љубав и захвалност према својој мајци претворила се у обожавање материнства, око кога ће касније као писац створити читав поетски ореол. Али, одраставши без оца, без очеве љубави, тај поетски ореол неће обухватати, скоро нимало, оца."[39] Када је мајка у питању уочљив је сасвим другачији тон. Она је увек *мати*, или *моја мати*. Тиме су приказује колико су ликови осећањима везани за мајку, привијају се уз њу, воле је, поштују и диве се њеном пожртвовању.

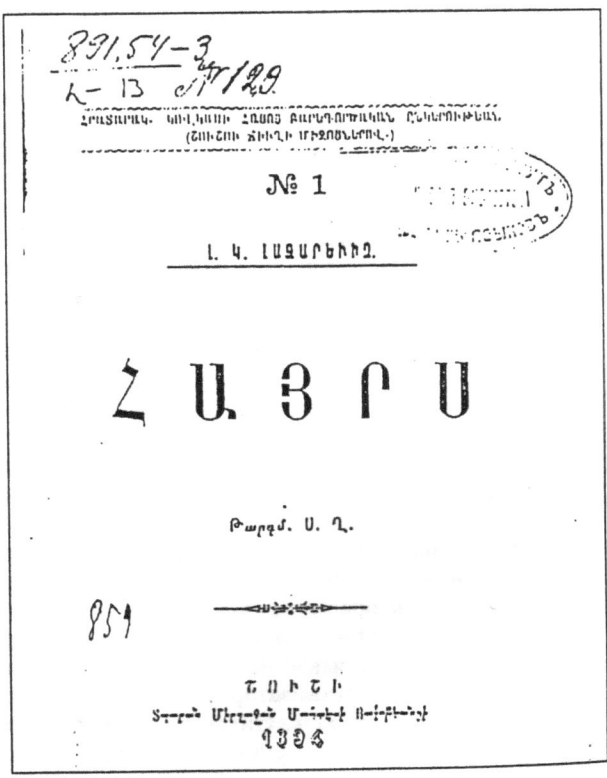

„Лазаревићеве приповетке су имале завидан успех широм света. У јерменској штампи је прозван – српским Тургењевом. Превод Лазаревићеве приповетке Први пут с оцем на јутрење насловљен са Мој отац, објављен је први пут на јерменском 1890. године, посредно, као превод из петербуршког часописа Весник Европе за 1888. годину."[40]

---

[39] Најдановић, Милорад: *Српски реализам у XIX веку*, Београд, 1962.
[40] Лешић, Александар и Бумбашевић, Марко: „Допуна тексту Др Лаза К. Лазаревић – књижевник и лекар (1851–1890)". Исправку унели Брана Димитријевић и Зоран Стефановић.

8. Мајка Лазе Лазаревића

Мајка Лазе Лазаревића, Јелка Лазаревић, била је кћи једног паланачког занатлије, удовица једног паланачког трговца, нешколована жена. Према подацима које су о њој оставили и њени и његови биографи, из Лазиних писама и аутобиографских приповедака, Јелка Лазаревић била је „једна необична жена" која је умела да развије и нежну љубав своје деце према мајци, постојану приврженост, страхопоштовање и њихову беспоговорну послушност. Оно што њену моћ над сином нарочито истиче није његова послушност, док је био још само добро неговано и васпитано дете, него и његова чудна покорност када је био студент у Берлину и већ зрео „светски образован" лекар у Београду. Он је према њој увек, до њене смрти 1887. године био нежан, пажљив, пун обзира, племенит и увек се пред њом осећао као мали, нејак, недорастао, „врло голуждрав" немоћан и слаб. Све што је у њеној души могло изазвати сумњу у његову ваљаност то се од ње морало крити. Ако би се он морао задужити да из Берлина дође кући, то мора бити „без маминог знања"[41], ако му је требало новца на зајам, сестри се могао поверити, али, „мама не сме за бога сазнати за то".[42] Лазаревић је често био у новчаној оскудици и често је од пријатеља позајмљивао новац:

„Морам да узајмим минимум 500 марака. Матери ни својима уопште нећу да пишем, јер су то обично двоструко непријатне ствари: једно што треба извадити из врло мршаве кесе (јер моја

---

[41] Писмо сестри из Берлина 23. VIII 1872.
[42] Писмо сестри Евици и зету Марку од 25. XII 1873. и 6. I 1874.

мати за бога неће узајмити), друго што себи дозвољавају милиуни којекаквих објашњења о дугу који је 'на страни'. Напослетку ја сам на свршетку прве године својега бављења овде, правио (кријући за кратко време од матере) један зајам у Србији."[43]

„Узео сам наново лозове за лутрије и како добијем, платићу Чифутину Левенхајму мој дуг."
Новац, да врати дугове, неће да иште од мајке, јер би она могла помислити нешто рђаво о њему „а ја бих волео пре скапати од глади него у њој пробудити и најмању сумњу о мом карактеру".[44] Слично је размишљање Митра у приповеци *Први пут с оцем на јутрење*, који би радије окончао свој живот, него што би признао свој пораз, и своје дугове. Лазаревић се мајци у писмима обраћа са „поштована мајко" а поздравља са „покорни син". И само једанпут у животу Лазаревић јој се ипак одупро – није по њеној жељи био лекар у Шапцу, већ по својој, у Београду.

Велика љубав и привреженост мајци били су саставни део Лазаревићевог живота и ма колико године пролазиле, заборав није могао дотаћи успомену на мајку, нити умањити њен значај. Лазаревићу су два малолетна сина оболела, и умрла од туберкулозног менингитиса, и у задњим часовима свог живота Лазаревић не помиње само синове, Кузмана и Владана, већ у заносу помиње име своје мајке и пружа руке ка њој. Зато у скоро свим приповеткама и одломцима мајка заузима скоро централно место, и њен лик у многоме одређује ток приче и понашање јунака.

„Откако се вратио из хајдука никако матери да погледа у очи, а чим би она окренула леђа он би се приковао очима за њу. У њему су се будила осећања којих дотле не имађаше. Та мати, несрећна и убијена, ни речи му прекорне не рече. Кад легне увече у постељу, па испод губера гледа њу, сироту, а њему сузе теку, тако, саме од себе, и тако му је некако слатко од тих суза као да се њима чеше по неком месту, овде где му срца куца и где га нешто сврби тако страшно." (*Вучко*)

„[...] и тако је моја мати била несрећна и ми смо сви уз њу били несрећни." (*Први пут с оцем на јутрење*)
Привреженост мајци огледа се и у томе што је у приповеткама углавном назива *моја мати*, што делује много интимније и нежније од израза *мајка*. Наиме, *мајка* у приповеткама помиње се само осам пута,

---

[43] Писмо Ватрославу Јагићу из Берлина 7. XII 1875.
[44] Писмо Марку и Евици из Берлина 6. I 1874.

док се *мати*, нарочито *моја мати* помиње чак 67 пута, и то: тридесет осам пута се реч *мати* помиње у *Први пут с оцем на јутрење*, десет пута у *Швабици* (где увек за своју мајку каже *мати*, а за њену увек *мајка*), четрнаест пута у *Ветру*, од чега седам пута каже *моја мати*... Све што је осећао према мајци и колико је била велика та љубав може се доказати и само једном реченицом из приповетке *Ветар*:

„То ли је оно што ми тако притискује груди када видим ове људе! Они имају, истина, све и свја, па ипак они немају ништа! Они немају свога болећега, немају... мајке!"

Ова приповетка обилује аутобиографским елементима, исте речи којима му се мајка обраћала, „куждраво моје", Лазаревић је пренео и у обраћању мајке сину у приповеци: „[...] ја бих јој легао главом у крило. Тада би ме она чешкала по глави и говорила као малом детету: 'Куждраво моје, ти слушаш маму!'" Све то најбоље сведочи и Лаза Костић који је рекао да лик мајке у причи *Ветар* у потпуности одговара лику Лазаревићеве мајке:

„Толико ми је Јанкова мајка налик на све што ми је покојник причао о својој мајци, све до неких ситнина као што је 'куждраво моје'"![45]

И не само то, у истој приповеци су трагови брижног и стрпљивог неговања своје остареле мајке у њеној дугој и тешкој болести. Ту има идиличних описа:

„Како је била мама! Како блага, лепа, тиха, озбиљна, свечана!", па чак и претеривања, што даје повод писцу да у једном тренутку поетично узвикне:

„Боже мој, како су биле велике наше матере! Оне су имале праосновне, чврсте, просте принципе, који су исписани у сваком букварy; а држале су их високо, с поуздањем и с мало кокетним поносом, као витез свог доброга сокола. Није било никаквог питања ни задатка живота, ма како он био тежак, а да га оне одмах лако и просто не реше. Над апсолутним тешкоћама уздизале су се својим високим и истинским религиозним осећањем."

Кроз главног јунака Лазаревић са одушевљењем прича о свом животу са својом мајком. Овај миран и идиличан живот, у коме Јанко ужива, учвршћује међусобну љубав и оданост и пружа довољно могућности да се мајка и син до краја упознају и разумеју:

---

[45] Костић, Лаза: „Лаза К. Лазаревић", *Одабрана дела Лазе Костића I*, Нови Сад–Београд, 1962.

„Дакле тако смо ми живели – добро! А како другачије могу живети мати и син? Он је њој увек добар [...] Она ме је непрестано суботом мила, давала ми савете."

„Мени је толико мило када ја склопим очи, предајем се покоју, отпуштам стражу и опет знам да мајкино уво слуша сваки мој дах, да свећа још гори, да њено срце шиљбочи." *(Ветар)*

Остала му је у заоставштини једна недовршена прича, *Мајка*, која се несумњиво односи на његову мајку Јелку, која је умрла 14. јануара 1887. године. У њој се обраћа са великом тугом својој умрлој мајци, али на тај начин као да зна да је она још увек жива, као да осећа да људски однос није подложан уништењу и смрти. С обзиром да одломак сведочи о његовој љубави више и боље од било које анализе, наводимо га у целини:

„Сећам се!
Од оног тренутка кад су моје живе а хладне усне пољубиле твоје мртво а још вруће чело, много је штошта дубоко запарало таблу мога сећања, али твоја слика, твоје име, није нигде окрњено. Другим је словима оно уписано! И кад луди час разлупа моју таблу, још ће, чини ми се, ватреним словима сијати твоје име. Што мари што ни мене неће бити? Та црв, који се буде сладио мојим месом, сећаће се тебе.

Незнана, остављена, забачена, трајала си тихо и мирно своје бурне и тешке дане. Је ли моја љубав само, која те диже изнад свију жена? Или си ти збиља била јунак и филозоф? Мати Српкињa, мати? Је ли историја твога живота истинита? Је ли истина оно што сам ја видео и чуо? Је ли могућно да је све то истина, и да сам ја то све видео, и да си ти мртва, а ја жив?

Ох, жено, мученице, светитељко! Да ми је пусто, цигло да ме можеш видети с колико побожности клечим пред Твојом сликом! Да ми је бар натерати мозак да ми те створи преда мном у халуцинацији! Што марим што би ме свет звао лудим – срећа је само моја ствар!

Ето, осећам како ме по врату заношљиво голиче твоја суха ручица – аох! Како си ми је радо свијала око врата! Што дрхћеш, душо моја, животе мој, животе смрти моје! (Је ли икад уз љубавника дрхтала тако љубавница?) Та ти не задрхта кад је глад на те шкљоцала својим зубима, па не задрхта у туђем свету кад је туђин на то и твоју ситнеж подругљиво пружао прст, јер си се *сама хранила*, ти ниси задрхтала ни прве ноћи, кад си далеко од мене и од својих с уздигнутом главом по свршеном општем послу, сама у туђини, у пустињи покрила своју дечицу, утулила свећу и гледала у пусту, непознату, неизвесну ноћ!

Да! Ти си тада мислила на ме. Је ли? А сада кад сам уза те, сад си бар сигурна да смо *само једно*, па се више не уздаш у се!

Куда ме водиш?

Гле! Како се заношљиво (пружа широк) спушта сутон. Далеко се шири тиха Сава и милује острво у среди ње. Са аде се чују милијуни гласова. Они тако чудновато заносе и дрхћу као твоја суха ручица око мога врата. Што ме тако зачуђено гледаш? Зар не знаш ко прописа оне милијуне гласова, по којима, видим, плива сад твоје срце? Та то су – славуји!

Дабогме, душо, да те се сећа!... Ох, боже, чујеш ли? (Каже и мене се сећа добри бог!) Каже ти да се ти и ње сећаш!

Ох, боже, боже! Послао си јој моје дете – нека ти је хвала! Она ће га боље гледати него ја. Али ми се не љути што ћу те још нешто молити: пошаљи им ког од оних славуја! Та имаш ли у твоме царству још колико људи који су ти тако захвални, а с толишно задовољни?

Је ли да ти је лакше, душо, што те се сећам?

Видиш ли надгробни споменик твој? Ја сам то, *ја*! Гле колики сам! (се дигао) К'о (песак) просо ми се чине пирамиде! Ко има још оволики споменик? (Ја растим кад стојим на твојој земљи!) Авај! Ево једног црва! Зар је, ох, ужаса! Зар је дрзнуо! И он да ми буде светиња! Он – побратим мој!"

Речи „послао си јој моје дете" упућују на то да је одломак написан 1890. године, јер је Лазаревићев син Владан умро 30. марта 1890. године. Додуше, његов син Кузман умро је 9. јануара 1885, али из текста проистиче да је реч о смрти детета које је умрло после Јелке Лазаревић. У истом одломку налазимо претпоставку за још један аутобиографски елемент. Лазаревић пише како се она *осећала усамљено у туђем, далеком, граду*. С обзиром да то исто пише и у потпуности аутобиографски интонираном одломку *Побратими* можемо закључити да је Јелка пошла за сином у Београд и била уз њега на почетку његовог школовања:

„Та мати продаде кућицу коју су имали и дође с њим у Београд да буде уз њега, у његову даљем школовању [...] С почетка им се било тешко навићи у великој вароши, новом животу. Али она! Она беше сама самцита! Никога није познавала!"

„Колико је Лаза Лазаревић волео своју мајку и имао велико поштовање према свим мајкама, открива се и у томе што, анализирајући сам текст *Швабице*, уочавамо да поједини објекти, пркосећи закону конгруенције, прелазе из акузатива у номинатив и заузимају положај субјекта. Наиме, низ објеката који, у одређеном пасусу, стоје уз почетни глагол *замислих*: „Замислих себи *моје Ваљево*, и *њу* у њему, и *свет* који прича о нама када прођемо улицом. 'Гледај га завртела му памет Швабица', и м о ј а м а т и, црвених очију, која своје сопствене снахе не разуме, и деца мојих сестара и браће, (...) и њено вечно осећање усамљености...". Према конгруенцији сви би објекти уз глагол *замислих* требало да буду у акузативу: као што је замислих Ваљево, њу и свет, очекивало би се и своју *матер* и *децу* својих сестара и браће. Међутим уместо у акузативу, именице *мати* и *деца* јављају се у номинативу. Помоћу глагола *замислих* овим појмовима пошло се као према објектима, али су се они, под утицајем пораста осећања, наједном осамосталили и изненадно преквалификовали у субјекте. Тако је када су у питању мајка и деца глагол *замислих* изгубио свој домашај, па је и њима означени процес замишљања прерастао у илузију виђења. Отуда потиче утисак да Миша не замишља мајку, већ да се његова мати сама појављује. Случај што се баш код појма мати несвесно померило гледиште са рационалног на емоционално и сензорно подручје и што је Миша тренутно потиснут мајком као новим и јачим субјектом показује управо ту, горе поменуту, приврженост Лазе Лазаревића својој мајци."[46]

Лазаревић и у приповеци *Први пут с оцем на јутрење* идеализује мајку и истиче њен значај за породицу. Он слика идеални тип мајке, покровитеља домаћег огњишта и чувара старог морала, тип храбре и разборите српске жене из патријархалне културе. Мајка Марица је „добра као светац", али несрећна због мужевљевог порока. Племенита душа којој „сузе теку кроз прса, падају на срце и камене се". Она је анђео чувар у вечитом бдењу, мати која се постарила и копни из дана у дан, призивајући Бога молитвом за избављење од напасти која их је задесила. Она доноси спас породици, својом љубављу и добротом, који су јој главно оружје у борби против тог зла. И у приповеци *На село* описује се брижност и љубав мајке према сину:

„Мати, истина, није ме никад радо пуштала самог од себе, али је ипак на послетку морала пристати."

---

[46] Николић, Милија: *Форме приповедања у уметничкој прози Лазе Лазаревића*, Београд, 1973.

Колико је детињство оставило снажан печат на Лазаревића и колико је још увек носио у себи то безбрижно дете могу да открију облици ијекавског изговора у његовим делима. Све приповетке Лазе Лазаревића писане су екавским наречјем. „Присуство ијекавског говора у неким приповеткама, нпр. *Школска икона*, може се објаснити и тиме што је приповетка штампана 1880. год. у дубровачком *Словинцу*. Међутим, може се пронаћи и другачије оправдање за присуство ијекавског у појединим приповеткама. Лазаревић повремено користи изражајну вредност оних лексичких облика који су први ушли у свест личности, па као такви имају и јаку евокативну моћ. Наиме, преци Лазе Лазаревића били су из Херцеговине и говорили ијекавски. Лазаревић је слушао у детињству начин њиховог изражавања и највише у свести сачувао ону реч којом су му се највише обраћали: *дијете*. И осетио је у тој речи сву ону милошту која се у породици за ту и такву реч везивала и помоћу ње испољавала. Ијекавски лик речи срастао је са њеним значењем у пишчевом најранијем детињству, обогатио се интимним животом, захватио нешто од породичне идиле и прихваћен је, као нераздвојни спој два доживљаја – језичког и искуственог. Зато се облик *дијете* у пишчевој свести појављује не само као обична језичка ознака, већ и као морфостилема која се несвесно увлачи у емоционалне реченице и упућује на аутентичност доживљеног детињства. Зато многи ликови у приповеткама, иако говоре екавски, реч дете често изговарају ијекавски: Миша у *Швабици* у једном случају изговара ијекавски дијете: „Погледам је понекад са стране и испод ока, па се мислим: Дијете, дијете!"[47] Исти је случај у приповеткама *На бунару* у ђедовом обраћању Аноци: „Дијете, грехота је од бога!"; у приповеци *Вучко*: „Прочитај де ово, дијете! – рече газда Јова, дајући писмо Илинци"; у *Ветру* мајка пита Јанка: „Спава ли ти се, дијете"; Баба Вујка каже Стојану: „Све са светом, дијете, и кад је чему време!" (*Стојан и Илинка*); ђеда се обраћа Живану: „Да чујеш, дијете, [...] добро бити неће" (*Секција*). „У појединим приповеткама Јанка Веселиновића у сличним случајевима, и углавном из истих разлога, појављује облик *дијете*, нпр. у приповеткама Пустињак, Ковиљ и Богати сиротани."[48]

Како у својим делима, тако и у свом животу Лазаревић је описао и колики је утицај и моћ имала над њим мајка у сасвим интимним личним питањима, као што су љубав и женидба. Све то речито казују и две приповетке *Швабица и Ветар*, за које се сматра да су целе ауто-

---

[47, 48] Милија Николић: *Форме приповедања у уметничкој прози Лазе Лазаревића*, Београд, 1973.

биографски интониране. Мајка Лазаревића била је посесивна жена, озбиљна, одлучна и строга. Водила је рачуна о свим члановима породице, бринула се за све. Околности би засигурно биле другачије да је поред себе имала мужа коме би препустила све ове бриге. И поред толике ауторитативности и строгоће, била је брижна и пуна љубави према својој породици, нарочито према болешљивом и нејаком Лази. Све те особине Лазаревић је пресликао у јунакињу приповетке *Ветар*, Јанкову мајку Соку. У овој вези *Лаза – Јелка – Сока – Јанко* крије се мноштво аутобиографских елемената, више него што то на први поглед изгледа. У приповеци породицу сачињавају Јанко и Сока, нема мушке руке, домаћина, главе породице, као што је није било ни у породици Лазаревић. Зато при избору Јанкове невесте великог удела има мајка, баш као и код Лазаревића. Исто као и Јелка и Сока жели оно што је најбоље за свог сина, оно што ће га усрећити, али се и плаши да остане без њега, зато ма колико то покушавала да сакрије, посесивност излази на видело и доноси пропаст Јанку. Исто као што је Јелкина, вероватно, несвесна посесивност донела Лази Лазаревићу усамљени живот, без љубави. И Јелка и Сока неизмерно воле своје синове, озбиљне су, мудре, чврстих принципа, али и једна и друга су главни кривци за сломљена срца њихове деце. И једна и друга су имале тежак живот и савладале су све тешкоће вером у Бога и религиозним осећањем. Под њиховим утицајима и Јанкова и Лазина личност се полако губе, утапају се бесповратно у мајчино окриље и постају све неспособније за самостално одлучивање и делање. Они више нису способни ни вољни да се боре за своју срећу, која се сада налази пред њиховим вратима, и ко зна када још. Ко зна да ли ће је икада поново бити. Њихови животи су у растројству услед неостварене љубави, блокирани су, растрзани, емоционално спутани. Сока се, исто као Благоје казанџија у *Све ће то народ позлатити*, узда у сина и очекује од њега да се брине о њој и буде јој једина радост у старости. О старој мајци, у то време, водила би рачуна снаја, она би јој у свему помагала и била друга ћерка, али Сока то није желела да прихвати. Можда из страха, из незнања каква би та снаја била, а можда и из убеђење да ниједна девојка не би могла да га пази и воли онолико колико може мајка. Њена себичност је можда и њој самој била непозната, и нежељена, али ипак је одредила Јанкову судбину:

„Али као Црвено море пред Мојсијем, тако се њена лепа и суха ручица испречи преда мном. – Иди, ако ћеш! Али у њеним очима стајала је другачија пресуда. Ја седох и саслушах је оборене главе."

Пресахла је та тако велика и јака Јанкова љубав. Тако јединствена, тако другачија, јер иако је имао пуно љубави, ова љубав је била својствена и другачија. Јанко је упоређује са самим животом, и за њу каже да је једина лепота, једина утеха у његовом несрећном животу. Јанко је, како сам каже, несрећан, безутешан:

„Ја хоћу да пустим срцу на вољу, хоћу да исцедим сласт из ове туге, хоћу да мислим на њу! Јер она је утеха и живот! Ја осећам његову несрећу, и сам сам несрећан и безутешан! Бар ја бих с њом био срећан! Још како! [...]"

И, као Миша Маричић, узалудно себе одговара од те љубави:

„Лакше, лакше, младићу! Та ти си, ти си видео доста очију из којих су севале мало оштрије стреле, али твоја париска уштиркана кошуља чувала је твоје нежно срце."

Узалудно себе одговара, јер чини се да Лазаревићеви јунаци искрено воле само једном у животу:

„Ја сам огледао да је се отарасим, али сам се опет грчевито и весело, копрцајући се, предавао њој, покривао се њом и увијао се у њу, као оно што голишава деца скачу у хладан кревет и живо са узвицима увијају се у покривач."

Лазаревић можда никада није преболео што се није изборио за своју срећу, а на такво тврђење наводи чињеница да је све оно кроз шта је пролазио Јанко, донекле већ прошао и Миша Маричић, јунак *Швабице*, која је написана седам година раније. И као да Лазаревићу није било довољно што је своје снове, жеље и тугу пројектовао на Мишу Маричића, као да све написано није било довољно да олакша његову душу, већ све то, у истом облику приповеда и у *Ветру*. И у *Швабици* је обзир према мајци и породици био узрочник гашења љубави и личне среће. Осећање блаженства и љубави Мише Маричића према Швабици није било јаче од осећања дужности према породици и према мајци, која би, црвених очију од плача, посматрала родбину која би избегавала њихову кућу, предвођена осудама и речима света: „Гледај га, завртела му памет Швабица." Зато се Миша Маричић повиновао колективном моралу и заувек опростио од своје љубави и среће, уништивши, не само свој живот, већ и живот девојке коју је волео.

Лазаревић би као паметан, способан студент и лекар са свим проблемима могао да изађе на крај, али кад се говори о слабостима, а оне се махом односе на слабост према поривима и жељама срца, према женским особама, ту је потпуно немоћан. Због мајке он осећа ту слабост, и зна да су залуд колебање и борба. Зна да ће увек изгубити. Као да је то нешто демонско и можда управо због тога помиње и вампире и демоне већ у следећем пасусу:

„По ноћи се било приближило, и вампири су чекали да се минутна сказаљка на сахату помакне за један чеперак, те да дигне поклопце са њихових ковчега."

Поглавље је насловио: *Тражи ђавола са свећом* – свестан је да га намерно тражи и изазива.

И још једном Лазаревић помиње неостварену љубав. У његовој заоставштини, у једном одломку пише како је јунак, под именом Аз, заволео ћерку једног чиче, кога ословљава са Б. Међутим, иако је љубав била обострана, „уколико се по очима и у општем 'разговору без речи' могло дознати, она му је била наклоњена", она није могла да се оствари, јер дотична девојка није била чичина кћи, већ његова супруга, или како пише Лазаревић: *млада женица*. Као у бег од ове љубави, Аз одлази у рат, и чини се да би га једино погибија могла спасити.

„При једном поздраву (на стражи) види и његову драгу, али 'не сме да је види'. Премишља се како му је пушка пуна, и 'убио би', 'истина то се неће десити', али би убио. Рат. При једном јуришу зрно у чело. Кад он паде, многи падоше."

Патријархални кодекси и част никада не би дозволили Азу да покуша да приволи девојку себи, и да се као трећа особа умеша у њихову љубав. Не само што је она била туђа жена, (као у *Вертеру*), већ првенствено што је била и мајка, а свакако се част мајке не сме окаљати.

Неостварена је љубав и Маре и учитеља у *Школској икони*. И Мара дели исту судбину као Јанко, Миша и Аз. Представник колективног морала овде је отац, поп, који је покушао да спречи своју кћер да послуша глас свога срца. Оног тренутка када се она супротставила његовој одлуци, за њега је престала да постоји. И нико није довео у питање Марину личну срећу, и шта је то што би њу заиста усрећило, већ су одмах њен поступак осудили и обележили као нешто што је апсолутно неприхватљиво за њихову заједницу, што нарушава хармонију и ред те заједнице. Исто је и у приповеци *Ветар*, где Јанко нема снаге да одбаци стеге мајчине посесивне љубави ни окове патријархалног морала, чиме би стекао личну слободу.

Услед свих тих патријархалних правила и норми које спутавају личност, због обзира према мајци, која је неприметно наметала своја правила, Лазаревић није имао пуно места за исказивање своје личности, нити довољно снаге за остваривање својих идеала, жеља и планова. Не знамо колико је Лазаревић уживао у животу, колико је заиста и да ли је био срећан. Да ли је могуће да је та љубав према ближњима била толико јака, да би била довољна самој себи, да би могла срећом да испуни цео живот, и толико испуни некога да му више ништа не треба? Да ли је то случај био и са Лазаревићем или је он, кришом, кроз своје јунаке живео и неки други живот, у коме је било норми и ограничења, али у којем је могао гласно, без било какве осуде да каже шта мисли и осећа? Из записа Данила Живаљевића, власника и уредника часописа *Коло*, „Сећање на Лазу Лазаревића" сазнајемо да је Лазаревић волео да се претвара да је неко други, и да бар накратко, колико игра траје, живи нечији туђи живот, живи неки други живот. Живаљевић се, како пише у свом сећању, упознао са Лазаревићем на вечери код Лазаревићевог доброг пријатеља Мите Ракића:

„Одједном нестаде покојног Лазаревића са својим блиским сродником, а после кратког времена вратише се оба преобучени, и то пок. Лазаревић преобучен у даму. Лазаревић уживао је, као што сам доцније дознао, још из свога ђаковања, да се у интимнијем друштву преоблачи, или као дама, или ма како, па да се представља као преобучено лице."

Његова игра преоблачења и маскирања може бити доказ да је желео да буде неко други, да је био незадовољан собом, и накратко се опуштао правећи се да је нека непозната дама или неки случајни пролазник. А одговор на питање зашто је баш волео да се маскира у даму, лежи у његовој осетљивој, нежној и емотивној природи.

9. Школовање Лазе Лазаревића

Књиге су ме од куће отерале.

Након завршене гимназије у Шапцу, Лаза Лазаревић прелази у Београд, где се уписује на вишу гимназију, коју завршава са врло добрим успехом. Године 1867. уписује се на Правни одсек Велике школе, која се, као и виша гимназија, налазила у Капетан-Мишином здању.

Прва београдска гимназија

Лазаревић се никада до тада није одвајао од мајке и од куће:

„Кад сам пошао у Београд мислио сам: шест година, ко ће то жив издржати?"[49]

У тадашњој патријархалној Србији је школовање у београдској гимназији имало за ученике велики просветни и нарочито социјални значај. У Београд су морали доћи и они ђаци из разних крајева Србије који су хтели да у школовању иду даље од трећег и четвртог разреда гимназије. Тај долазак је био и за њих саме и за њихове родитеље велики догађај, јер су везе са крајевима из којих су они биле тешке и контакти са онима који су остали код куће били су врло слаби.

„Спочетка им се било тешко навићи, сами самцити у великој вароши, новом животу..." *(Побратими)*

Ученици су из унутрашњости долазили и са неком врстом самопоуздања и охолости, јер су напуштали своје паланке да би се чак у престоници школовали. Код своје куће и у средини из које су потекли ти ученици су уживали неки нарочит положај и углед, чији су значај, у детињој уображености, још и прецењивали. Али у Београду су били изненађени поступцима околине, у коју су западали, јер ту не само да нису наилазили на пажњу на коју су код куће навикли, већ им се чинило да их сви сматрају за мање спремне и васпитане „јер београдски ђаци зачудо умеју да се хвале и размећу пред паланчанима" *(Побратими)*.

739.
„*Тачка*" или „*точка*" Од А. П. 429.
О унутрашњем склопу биљака. Од дра М. Ј. Шлајдена. Пр. Ј. Даниђ. 841.
Припитомљавање наше домаће животиње. Превео Л. К. Лаз. 812.

Вила, 1868, св. 32, стр, 759.

И већ се ту у трећем разреду гимназије Лаза Лазаревић, удруживши се са Љубом Ковачевићем, који се за време школовања звао Љубомир Поповић и био сакупљач народних умотворина, почео интересовати за књижевни рад. Заједно су сакупљали и бележили поскочице, умотворине, народне обичаје, (у *Стојану и Илинци* има прегршт стихова из народних песама), које је Лаза Лазаревић преточио у редове у опису двеју народних игара *Мијеша проху* и *Кадија*. Те народне игре објављене су у часопису *Вила*, листу за забаву и књижевност, 1868. у свесци бр. 32, на странама 759–760, које је уређивао Стојан Новаковић.

---

[49] Писмо мајци из Берлина 21. I 1872.

У истом броју објављен је и превод Лазе Лазаревића под називом *Припитомљавање наше домаће животиње*. „Зато се у Лазаревићевој прози осећа присуство народног стваралаштва, али у сасвим другачијем виду него што је то код М. Глишића и Ј. Веселиновића. Док је на ове писце знатно деловао репродуктивни народни приповедач, онај који преноси већ уобличену причу из давнина, на Лазаревића је утицао продуктивни народни стваралац, онај који први прича о актуелним догађајима и о свом доживљавању. Разлике између те две врсте народних приповедача тако су велике да се они могу ставити у опозитан однос. Први приповедају о прошлости, а други претежно приповедају о актуелним догађајима; први крију свој субјекат и дистанцирају се од материје коју казују, а други у њу уносе свој лични став, па и властите доживљаје; први су углавном преносиоци казиваног, а други сведоци доживљеног и виђеног."[50] Када се Лазаревић уписао на тадашњи Правни одсек Велике школе, покрет међу омладинцима изазван идејом и деловањем Светозара Марковића био је у пуном јеку. И Лазаревић прилази том покрету. Учи руски језик да би могао да чита и непреведене списе руских револуционарних демократа, држи популарна предавања из природних наука, преводи краће чланке Чарлса Дарвина и Мајкла Фарадеја. Лазаревић почиње да преводи и познати роман Чернишевског *Шта да се ради*, који, како сам каже, „својим читаоцима показује пут којим се долази до друштвенога благостања". Он је и секретар, или како се то онда звало, писар студентског друштва *Побратимство*, чија је управа у рукама студената социјалиста. Али се овај нови утицај сукобљава са другом врстом утицаја, која се временом показала јачом. Под утицајем васпитања што је добио у породици од мајке, који никада није могао а ни желео да превазиђе, Лазаревић се поступно и постепено одваја од „нових" људи и од „нове" науке и, као што то обично бива, постаје њихов противник.

---

[50] Николић, Милија: *Форме приповедања у уметничкој прози Лазе Лазаревића*, Београд, 1973.

Стојан Новаковић

Велика школа у Београду

Одломак који има аутобиографских елемената везаних за школовање Лазе Лазаревића на Великој школи је *Вучко*. То је недовршена приповетка коју је објавио Љ. Јовановић 1899. године, а која је по својој садржини у тесној вези са одломцима *Стојан и Илинка* и *Баба-Вујка*. Лазаревић је овај одломак прерадио и као грађу употребио у приповеци *Он зна све*. Одломак говори о несташлуцима дечака Вучка, којима он након смрти свог оца Миће Казначеја почиње да испољава своју дивљу природу, тако да су га се сва друга деца прибојавала, али га и тајно поштовала и дивила му се. Веза између Вучка и самог Лазе Лазаревића и његовог времена могла би се успоставити у Вучковим годинама, јер он има четрнаест година, исто колико је имао Лаза Лазаревић када се уписао на Велику школу. У одломку се помиње и часопис *Видовдан*, београдски политички лист (излазио од 1861. до 1876. године), који је Лазаревић засигурно много пута држао у рукама. Аутобиографске елементе можемо уочити и у опису школског кажњавања Вучка. Међу мноштвом Вучкових несташлука: трке, вожња по Сави, зашивање сукања бабама које су клечале у цркви, итд. Лазаревић помиње и батине које је кажњени Вучко добио у школи: „Осуде га да буде бијен пред сва четири разреда", и истеривање из школе: „После је истина стајало на 'црној табли' да је истеран, ал шта је он за то марио."

На самом почетку рада Велике школе законом је било прописано да је универзитетска настава слободна, да су наставници слободни у излагању науке, а слушаоци имају пуну слободу избора предавања која ће одслушати. Да је тако остало, ученици би уживали заједно са својим професорима, али власт се досетила да је то много демократије, па је ускоро донета дисциплинска уредба о понашању ученика. Зато су касније донети и строги закони о понашању ученика, који су укључивали и различите видове кажњавања. У време када је Лаза Лазаревић био ученик, прописане казне у Великој школи биле су: стајање ван клупе, клечање (само за ученике I, II, III разреда), затвор (до десет дана у празној школи и за то одређеној соби, али свагде само дању уз обавезан рад, који се састојао у преписивању, преводу задатог), одлучење (забрана од редовног похађања школе на годину дана (с правом на полагање испита), забрана учења у свим школама на годину дана (с губитком права на полагање испита) и изгон из свих училишта за свагда (за које је пре коначног извршења била неопходна сагласност министра просвете и црквених дела, у то време Љубомира Ненадовића).[51] Лаза Лазаревић је као ученик Велике школе био добро

---

[51] Група аутора: *Прва београдска гимназија „Моша Пијаде": 1839-1989*, Београд, 1989.

упознат са прописима и начинима кажњавања, те их је унео и у своје дело као опомену новим поколењима („сад већ приспева нараштај који није видео батина, није видео кад кога бију [...] али је мој јунак морао на тај начин поправљати се"), као моралну поуку („а прича о њему можда је и поучна") или само као успомену на ђачке дане, кад је неки од његових другова, попут Вучка, био кажњен („батинама пред целом школом, истериван из школе и уписан на црној табли"). Да је све ово аутобиографски интонирано можда још боље сведочи оно што Лазеревић није написао, то јест, одломак из прве, касније преправљене верзије *Вучка*, у којој је писало:

„Ја се грозим тих призора, ја их не могу ни причати [...] не бих их ни помињао да и мој јунак, Јова [у првој верзији писац је Вучка назвао Јова] дечко од 14 година није морао по ондашњим друштвеним начелима појести шест батина."

Телесна казна на Великој школи користила се „ако остале мере наказанија не дејствују", налагао ју је искључиво директор и њоме су се подвргавали само ученици нижих разреда. Све казне морале су се извршавати пред свим ученицима, и уносити у нарочиту књигу, такозвану *црну таблу*. Та *црна табла*, коју Лазаревић помиње у одломку, била је табла на којој су била уписивана имена свих кажњених ученика. Табла је била окачена у холу школе, а налазила се и у осталим гимназијама у Србији, како би сви могли да виде која су имена исписана на њој.[52]

Аутобиографске елементе можемо уочити и у одломку *Побратими*. Упоређујући одломак са првобитним текстом, на којем је Лазаревић вршио исправке, откривамо цео прецртани пасус, који је Лазаревић желео да сачува од очију јавности. У одломку се приповедач присећа свога друга Јоце и успомена које је у њему пробудило његово писмо: „Он се заврти на столици и оде далеко нешто сањати..." Радња се наставља: „Пре двадесет година – да, боже мој, како то пролази", али оно што је битно, налазило се између ове две реченице. Мењајући првобитни текст у коначни (тј. у онај који је до нас дошао као коначан), Лазаревић је из овог одломка избрисао она места која су *сувише аутобиографска*. А то је једна школска анегдота, којом се Лазаревић свакако није поносио. Наиме, у петом разреду гимназије професор га је питао шта значи немачка реч *eternisieren* у некој реченици. Уместо да одговори: *овековечити,* што би био тачан одговор, он одговори

---

[52] Група аутора: *Прва београдска гимназија „Моша Пијаде": 1839-1989,* Београд, 1989.

кијати, након чега цео разред гракну у смех, а задиркивање и подсмевање наставило се и после часова. Главни јунак овог одломка зове се Јанко – исто као што се зову главни јунаци приповедака *Ветар* и *Вертер*, и одломака *Побратими* и *Стојан и Илинка*. У првој верзији *Стојана и Илинке* главни јунак приповетке није се звао Стојан, него Јанко. „И у том Јанку, Лазаревић није претстављао тип образованог Србина из Србије, из осамдесетих година, као сто се хтело узети, но себе самога, са искреношћу и истинитошћу, која се ретко налази код писаца који пишу о себи."[53]

Колико су слични Јанко и Лаза Лазаревић, па их је у потпуности могуће индентификовати, потврђује и Лаза Костић, који се између осталог одаје причајући о приповеци *Ветар*: „[...] оно кад Јанко – мал' не реков Лазаревић..." Исто колико је сличности између Лазе Лазаревића и Јанка, толико је сличности и између Лазе Лазаревића и Мише. Јер и лик Мише се више пута јавља у његовим делима у *Швабици* и у *Први пут с оцем на јутрење*:

„Сад се тек сетим да је требало ићи у школу. Узмем књиге и комад хлеба, а гледам мајку и девере."

„Кажите, децо, господину да Миша није могао пре доћи, – имао је посла."

А све то потврђује да се сам Лазаревић поистовећивао са својим јунацима. Да је, пишући о њима, у ствари писао о себи самом. „Лазаревић у *Побратимима* описује себе, када је још као дечак дошао у престоницу на школовање, како је жалио за својом Паланком, и друговао са другом Јоцом."[54] Може се тумачити да је за прототип лика Јоце, који се помиње и у приповеци *Швабица*, Лазаревић узео Светозара Анастасијевић, свог друга са Велике школе и Берлинског универзитета. „Судбина им беше тако наклона да их по свршеној Великој школи обојицу посла држава на страну. Јоца поста медицинар, а Јанко оста и даље правник." (Лазаревић је прво био уписан на Правни одсек Велике школе!) Лазаревић је са Светозаром Анастасијевићем учествовао и у великој школској буни, због које су обојица изгубили стипендије. Наиме, на правном одељењу Велике школе у Београду, кривично право предавао је професор Аћим Чумић, који се поред наука активно бавио политиком, а уз помоћ разноразних политичких смицалица, и не само политичких, постао је министар полиције, касније и председник владе. Ђацима, расположеним за било какве промене режима, од-

---
[53] Скерлић, Јован: „Лаза К. Лазаревић", *Писци и књиге II*, Београд, 1922.
[54] *Српско наслеђе: Историјске свеске*, бр. 9, септембар 1998.

говарао је његов ратоборни став, а као врсни познавалац Кривичног права и због громогласног излагања постао је миљеник увек на буну спремних младића. Толико се драо на предавањима да су пролазници често застајали на улици код Капетан-Мишиног здања и слушали његова излагања. Аћим Чумић – Чума, професор права на Великој школи, био је заклети опозиционар и ширио своје идеје међу студентима, који су га волели и ценили. Власт му постави политичку смицалицу, он наседне и – добије отказ. Али, његове колеге професори солидаришу се с њим, и ступе у штрајк. Не би ли смирила бунтовне студенте, који се придружише својим професорима, власт објави наредбу по којој ђаци који желе да наставе школовање морају поново да се упишу, а „ко то не учини, сматраће се да је напустио школу!" Али, нико се није накнадно уписао. Међутим, ни ђацима није било до штрајка. Плашили су се својих очева који су од уста одвајали за њихове науке. Дангубили су и најчешће се излежавали на Калемегдану, али су стали уз своје професоре. Међу студентима који су били уцењени одузимањем стипендија били су и Лаза Лазаревић и Светозар Анастасијевић. Да би решио проблем, председник владе је позвао на разговор двојицу ученика из побуњеничке групе. И то управо Лазу Лазаревића и Светозара Анастасијевића, државне стипендисте за студије медицине у иностранству, на које би за неколико месеци требало да отпутују. Кад су се обрели у његовом кабинету председник Милојковић се прво обратио Лазаревићу речима:

„– Зар и ти Лазо? – рекао је строго. – Зато ли вам држава даје стипендије – да дижете буну! Слушајте ме добро. Ако се до истека рока за поновни упис не упишете од пара и стипендије нема ништа!"

Узалуд је Лаза Лазаревић, покушавао да објасни председнику зашто се од другова неће одвајати. Лазаревић је изнео друговима њихов разговор с министром и предложио да се Анастасијевић упише, како не би као сиромах изгубио стипендију, а он се опет придружио штрајкачима. По једном Лазаревићевом писму министру просвете могло би се закључити да је важио за једног од коловођа буне. У писму се Лазаревић правда да то није, нити да је звао ђаке на потпис и да се о свему томе може истрагом уверити:

Аћим Чумић,
професор универзитета, правник, први професор
који је у Србији из политичких разлога избачен са посла.

„Господине министре!

Чуо сам како сте извештени да сам ја, у оно време нереда на великој школи, писао адресе отпуштеним професорима велике школе Г. Г. Бошковићу и Павловићу, и да сам звао ђаке на потпис.

Могу вас уверити, господине министре, да ја нити сам, (sic!) нити купио потписе на њих – а ви кад хоћете можете се о томе накнадном истрагом уверити.

Молим вас, дакле да не верујете тим гласовома.

Београд 5. јун 1871.

Ваш, господине министре покорни слуга,
Лазар К. Лазаревић"

Тек после годину дана Лази Лазаревићу је, уз помоћ неких угледних људи, враћена стипендија. О дозволи да полаже испите, Лазаревић јавља својој сестри:

„Ја сам ти сад у послу. Дозвољено ми је да полажем испит из овога што ми је остало и тако ћу ове године, ако бог да, свршити велику школу и добити сведоџбу за све четири године. Сад сам навалио да испливам, јер сад имам 7 предмета за 15 дана."⁵⁵

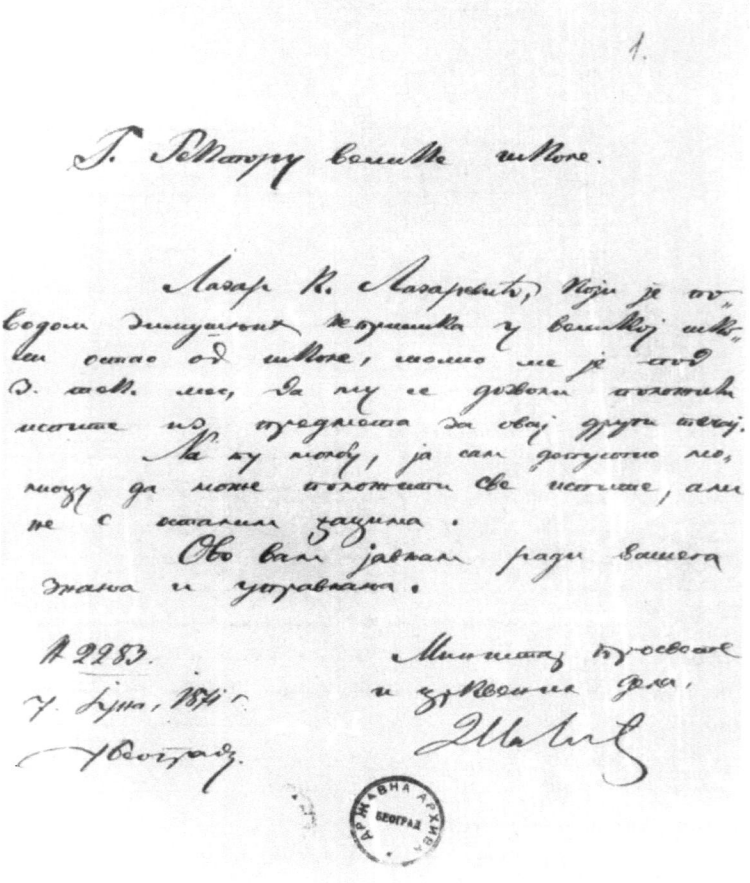

Сведоџба по којој се Лази Лазаревићу одобрава полагање испита 1871. год.

---

⁵⁵ Писмо Лазе Лазаревића сестри Евици 10. VI 1871.

Повративши своје стипендије, Лазаревић и Анастасијевић су се окренули својим дужностима, али су и даље остали у контакту, дописујући се, исто као јунаци *Побратима* („Спочетка су се дописивали сваке недеље"). То није једина сличност: у одломку је детаљно описана једна њихова свађа, а у Лазаревићевој заоставштини, тачније, у писму упућеном Ватрославу Јагићу из Београда 14. децембра 1879, Лазаревић прича о својој свађи са Светозаром Анастасијевићем. Разлог су биле заруке Светозара са неком девојком, ћерком попа Стеве из Београда. Светозар му је то тајио и Лазаревић је од његове мајке сазнао да ће се заруке, које је Светозар услед свађе с њеним оцем раскинуо, ипак одржати. Од тога дана Светозар није више посећивао Лазаревића. После недељу дана, венчао се. Дан пред венчање позвао га је да му буде кум, али је Лазаревић одбио. Лазаревић није присуствовао његовој свадби, исто као што ни Јоца, доиста из других разлога, није присуствовао Јанковој свадби. Лазаревић га помиње и у писму Стојану Новаковићу: „[...] а и према Светозару нисам могао остати хладан, јер је наше пријатељство трајало неколико година, па само једна успомена из њега, и онда се братски стискава рука. Бадава, што је рекао мој Коста Христић, ја од срца не начиних челик кад је оно мекше од памука".[56] Цела ова ситуација уочава се и у *Вертеру*:

„Катанић је био вајкадашњи пријатељ Младена, Маријина мужа. Кад је Младен отишао са службом у Београд, и њихови се односи прекидоше, јер ниједан не беше вољан писмима крпити лично раскинуте везе; али веза која се још у детињству затекла није попустила у снази. Кад се Младен женио, послао је и Катанићу штампан позив на свадбу и на њему је још дописао пером: 'Никако друкчије да не учиниш него да дођеш!' Катанић му на дан свадбе честита само жицом, и то беше све."

Из свега наведеног лако је закључити да је и одломак *Побратими* скоро цео заснован на аутобиографским елементима, не само по мотиву женидбе, већ и што је, као у случају Лазаревића и Анастасијевића, женидба била главни узрок растајања Јанка и Јоце:

„Јоца беше ожењен једном богаташком ћерком, и када њима дође после Јанко у госте, она га дочекује врло хладно, те Јанко гледа само како ће што пре побећи кући".

---

[56] Писмо Стојану Новаковићу из Берлина 23. III 1872.

*Ватрослав Јагић,
професор универзитета
у Берлину, Петрограду и Бечу.*

„Не знам како да вам се благодарим за вашу безмерну доброту.
Целим путем сам мислио на вас [...]"
„Сад ми остајте здраво и не срдите се на ме. Сећајте се и пишите!
Ваш искрени Лаза!"[57]

Из поменутог писма Ватросаву Јагићу уочавамо још неке аутобиографске елементе које је Лазаревић пренео у *Побратиме*: Лазаревић се, после положеног државног испита, уплашио да га као лекара не пошаљу у Куршумлију „три сахата иза бестрага, далеко од мајке а најглавније с болесном ногом"[58] па се обратио министру са молбом да му одреди лекарску комисију која ће прегледати стање његовог здравља, нарочито болесне ноге, па казати да ли се сме излагати „штрапацу и несрећама које га у Коршумлији и Прокупљу чекају, где просто нема ниједне паметне куће, а камоли чега другог". И захваљујући том обраћању министру, Лазаревић је остао у Београду и постао „физикус округа београдског". А то је био повод да се Лазаревић у писму пожали Јагићу:

„Тих дана Светозар је говорио у кафани неке ситнице за мене нпр. Лази се може дати Београд!, Лаза не избија из министарства итд."

---

[57] Писма Лазе Лазаревића Ватрославу Јагићу из Београда 14. X 1879 и 23. VII 1876.

[58] Писмо Лазе Лазаревића Ватрославу Јагићу из Београда 14. XII 1879.

Исту ситуацију можемо препознати у одломку *Побратими*. Јанко је добио место секретара у министарству, након што се његов таст, обратио министру, носећи у џепу честитку новој влади, потписану од многобројног народа. Јоца му није писмом срдачно честитао на унапређењу, већ је то урадио телеграфом, хладно и у пар речи.

У истом одломку приметан је још један аутобиографски метод. Поред школе, Лазаревић помиње и пијацу, на коју је ишао са Јоцом:

„Јоца оде погледом по небу и дуго не спусти главе: – Хајдемо гдегод на пијацу, на отворено место; отуда се боље, даље види.

И, што давно нису, они се узеше под руку и пођоше у такту к Великој пијаци."

Засигурно Лазаревић мисли на Велику пијацу, која се налазила преко пута Велике школе. То је била прва уређена пијаца у Београду (првобитно названа Пазариште), највећа и најпознатија. Отворена 1824. на месту где се за време Турака налазило гробље које је још увек, запуштено, заузимало један њен део. Године 1927. пијаца је у потпуности уклоњена, а на месту некадашњих тезги и чувених ћевабџиница „Код Танаска Рајића" и газда-Живка, засађени су дрвореди. Опис пијаце Лазаревић даје у *Први пут с оцем на јутрење*:

Панорама Велике пијаце, која је била на данашњем Студентском тргу. У позадини Капетан-Мишино здање, где су били смештени и гимназија и универзитет (Велика школа) и министарство просвете. Слика из 1895. године.

„Кад изиђох на улицу, иде свет као и обично; сваки гледа своја посла. Силни сељаци дотерали којешта на пијацу. Трговци завирују у вреће и пипају јагњад. Новак пандур дере се и одређује где ће ко да притера кола. Деца краду трешње. Сретен ћата иде добошарем по вароши и чита да се забрањује пуштати свиње по улицама. Тривко извадио јагње па виче: 'Ходи, врућеǃ', а пијани Јоза игра у једној барици."

Иако нас у овом опису ништа не наводи на помисао да Лазаревић мисли баш на Велику пијацу, наведени опис значајан је по неким елементима који су у вези са временом у коме је живео. У одломку се помиње један гостионичар, по имену Тривко, како стоји испред своје кафане, која се налази на пијаци и позива људе да уђу: „Тривко извадио јагње па виче: 'Ходи, вруће!' Не може се засигурно тврдити, али можда се ово односи на Танасија Рајића, који је у Лазаревићево време био један од најпознатијих гостионичара и држао на Великој пијаци кафану, где је увек била најбоља храна. О њему пише и Бранислав Нушић, који је, како сам каже, као и сви пензионери, свако јутро ишао на Велику пијацу („распитивао се за цене иако нисам хтео ништа да купим"):

*После 1869. одлуком првог урбанисте Београда,
Емилијана Јосимовића, који је сматрао да овом простору доликује нешто „естетичније" од пијаце, део Велике пијаце претворен је у парк.
Слика из 1890.*

„Кад пођемо од Македоније некадашњом Великом пијацом, која је сада претворена у универзитетски парк, онда ће прва кафана коју ћемо срести бити она Рајић. Данас је то лепо назидана двоспратна зграда, раније је била стара кућерина такође на два спрата. На доњем је, као и сада, била кафана са врло великом таблом на којој је, доста добро, био насликан Танаско Рајић на топу. Кафана Рајић знана је и по томе што су се ту први пут почели култивисати ћевапчићи. Биће тако шездесетих година они су први пут стигли из Лесковца у Београд и одмах се одомаћили ту, у кафани Рајић. Како је пијачна публика била поуздан њихов потрошач, убрзо се та индустрија ћевапчића размножила, те се око кафане Рајић поотварао читав низ малих ћевабџиница које и данас, само као нешто реновиране, постоје."

У издвојеном опису пијаце привлачи пажњу још једна реченица: „Сретен ћата иде добошарем по вароши и чита да се забрањује пуштати свиње по улицама." Ово се може посматрати и као историјска чињеница јер је у 19. веку уистину било забрањено увођење и пуштање свиња по градским улицама. У то време Србија је била позната управо по гајењу свиња, и оне су биле један од основних извозних производа, нарочито у Пешту. (Пера Зелембаћ је „некакав свињарски трговац који веле, 'ради с Пештом'"). Оне су биле, како наводи Вук Караџић, „прави и највећи ужитак народни; једно што их је, због шума ласно запатити и држати, а друго што се у свако доба године могу продати". Из овог цитата јасно се види да је најзаступљеније било свињогојство, али оно најпримитивније, јер се за исхрану свиња користио жир. И најсиромашнији сељак имао је по неколико брава свиња. Непрегледне шуме давале су обилато жира за њих, те су одгајиване готово без икаквих трошкова и великих тешкоћа.[59] Иако је гајење свиња у варошима било забрањено, свињско месо је доношено са села, тајно, како наводи Сретен Л. Поповић, „у вреће завијено, или у сено сакривено". („Модерним речником данашњице – Србија је већ у XIX веку имала свој бренд! Забележено је да је књаз Милош поклонио мађарском грофу Арцдуку одређени број свиња које су звали 'шумадија' односно 'шумадинка'."[60]) Доказ су и записи Бранислава Нушића:

„На утоци Топчидерске реке у Саву, постојала је једна старинска, пространа кућа а преко пута ње, преко друма који води у Топчидер, механа која је носила назив Господарска механа. Тридесетих и четрдесетих год. прошлог века ту је била важна извозна тачка, скела, са које су се извозиле свиње преко Саве. Јер тада се за време Турака свиње нису смеле уводити у варош. Стога је скела за њихов извоз била још даље у Остружници, уз време пуне турске власти, као што је дунавска скела била у Вишњици."[61]

---

[59] Петровић, Мита: *Финансије и установе*, 2
[60] Вучковић, Бранко: *Свињарство у Србији у XXI веку*, у: *Еурофармер – стручни часопис за пољопривреду*
[61] Нушић, Бранислав: *Стари Београд*, Београд, 1984, стр. 21–22.

*Студенти Велике школе 1871.
Лаза Лазаревић седи у првом реду,
у средини.*

*Обавештење ректору
Велике школе о покретању Побратимства.
Београд, 1880.*

Наставни план правном факултету

Предмети: у семестру
у I години,   I . II . Свега
                                   часова недељ.
1. Енциклопедија права,   6 . —
2. Психологија,   4 . —
3. Логика,   — . 4
4. Општа историја,   6 . 6
5. Римско право,   — . 6
6. Историја Срба,   6 . 6
                         Свега   22 . 22

у II години:
1. Римско право,   6 . —
2. Народна економија,   6 . 2
3. Општа историја,   4 . 4
4. Грађански законик,   — . 3
5. Финансија,   — . 3
6. Јавна историја са 3 у I.   16 . 15

у III години:
1. Кривично право   6 . 6
2. Грађански законик   3 . 3
                                   9 . 9

Предмети на Великој школи
које је слушао Лаза Лазаревић

10. Медицински факултет у Берлину

Чежња за кућом носи ме несавладиво,
и игра се мноме као мачка мишем.[62]

Лазаревић није кроз своје приповетке насликао само Србију, школу и породицу, већ у великој мери и школовање у Берлину. Најјаснију слику овог периода пружа нам, свакако, *Швабица*, али подробнијом анализом се открива да и остале приповетке осликавају Берлин и студентске дане и пружају нам јасну слику како се осећао један српски студент, боравећи далеко од своје породице. Из њих сазнајемо како је проводио дане, где је живео, са киме се дружио, ко су му били професори...

Лаза Лазаревић је постао државни стипендиста и отпутовао у Берлин када му је било двадесет година. Зато није случајност што је управо толико година имао и јунак одломка *У туђем свету* када је кренуо у иностранство. Боравак у Берлину трајао је четири године, када се због Српско-турског рата морао вратити кући: „Ја сам лутао по свету, док ме рат не позва кући." *(Школска икона)*

По завршетку рата, 1878, поново се враћа у Берлин, где поново похађа предавања чувених професора: Хелмхолца, Ди-Боа, Фирхова, Хирша, Лангебека, Хермана (кога и помиње у *Швабици*). Имена професора чија је предавања посећивао налазе се и у Лазаревићевој необјављеној *Бележници*. У њој је правио скице берлинских улица, (скица Александер-плаца са околним улицама): „Видак извадио своју малу записницу и стаде цртати на свој начин план Берлина." *(У*

---

[62] Писмо Лазе Лазаревића из Пирота 24. X 1885.

туђем свету). Лазаревићев боравак у „прљавом, хладном и намргођеном Берлину"[63] („време је било сухо, тога дана било је на термометру −10", *Швабица*), који нема ни педесет лепих дана годишње, није баш био сретан и још више је учврстио његову више пута помињану љубав према завичају и породици. Своје прве дане у том *туђем свету*, описао је у истоименом одломку:

*Херман фон Хелмхолц,
Лазаревићев професор у Берлину: „После сам купио Хермонову
Физиологију да ју учим за испит." (Швабица)*

---

[63] Писмо из Берлина 26. VIII 1878.

*Рудолф Лудвиг Карл Фирхов,
Лазаревићев професор анатомије*

„А мисао да ће наћи каквог Србина и да ће с њим заједно ручати, тако га силно оживљаваше, да га нека ватра подиђе у образе и очи му се светлеше као жеравице."

„После сретне неког другог у врло финим хаљинама [...] – ово је зацело Србин! Видак би већ да пружи руку да каже: 'Молим вас, господине и ја сам Србин', али не сме. Сад се досети нечем другом. Пође за тим човеком и стаде зевати, покривајући руком уста и говорећи кроз зубе и зевање – О боже, боже! Али онај се човек не окрете. Није ни то Србин, нити је налик на Србина. Видак тумара све даље. Али нигде да чује српску реч! Нешто налик на очајање текну га кроз груди." *(У туђем свету)*

Суровој клими додавало се поратно расположење средине. Лазаревић је дошао међу Немце почетком 1872. године. На странце се гледало надмено, преко рамена. *Сербе* се изговарало подругљиво, а уместо те речи користили су погрдан израз *рацки*, сматрајући да он доликује, како су гледали Србе, варварском народу. Тај израз су још Мађари наденули Србима. „Он је из преко родом, па је тамо служио у војсци, док му неки мађарски официр не опсова свеца рацког!" сведочи

Лазаревић у приповеци *У добри час хајдуци*. О томе пише и Ото Дубислав Пирх, пруски официр, који је допутовао у Србију ради „упознавања ове земље и њених становника" далеке 1829. године. Пишући о Београду, он описује горњу варош: „На јужној њеној страни је једно предграђе, отворено, раштркано, као неко село, и пружа се до краја Савске вароши. Оно се спомиње у путописима као Рацка варош."[64] Уз тај запис стоји објашњење: „Рац – име којим су Мађари, у увредљивој намери називали Србе".

Своја осећања у средини која не разуме ни њега ни средину и земљу из које је дошао, чине још један аутобиографски еленемат међу исписаним редовима његових дела. У већ поменутом одломку *На село* Крсман прича друговима да учи школу у Берлину, а они га питају:

„Нуто-де! Ја, побогу брате, како те не отроваше? Вели поп Глиша да они чим опазе човека нашег да се добро учи, одмах га отрују."

У истом одломку наратор прича како је Тривун попио више од по чутуре ракије и певао дуж целог пута „песму коју Србин ужасно воли, – а нико је други не разуме: 'Ја сам је певао, кад сам био на страни, Швабама, они су се смејали и понављали: а, а, а, а!'" Или:

„Ти знаш да Србин на страни, нарочито у класичкој Немачкој, мора огуглати на оваква питања: нас су толико пута питали немачки студенти (класично образовани – говоре латински и грчки као свој рођени језик) је ли Србија у Малој Азији; чудили се кад смо им казали да и ми пијемо крављe млеко, да месимо хлеб исто као они, да имамо чак позориште[65] и да смо хришћани."

„Ја вам стојим у сваком погледу на расположењу. Само не тако српски... варварски, – рече он мислећи ваљда да ће ме на тај начин посрамити."

„Кад су били неколико корачаја за нама, окрете се један и подругљиво рече: – Гранд натијон! (Велики народ)"; Уђе у собу где га дочека газдарица. Она Немица, не могући веровати да има двоношца који не разуме немачки, сасвим спокојно говораше немачки, питајући Видака да ли му се допада Берлин, је ли видео царева кола, Бранденбуршку капију, и да ли он мисли да има срећнијег и паметнијег народа од Немаца." *(У туђем свету)*

---

[64] Пирх, Ото Дубислав: *Путовање по Србији у години 1829*, Београд, 1899.
[65] Када је Лазаревић писао *Швабицу* већ је било основано Народно позориште у Новом Саду 1861. и у Београду 1868.

У наведеној реченици не налази се само потврда за тај подругљив и ироничан однос Немаца према придошлицама, већ и потврда самог аутора да је боравио на *страни*, тј. у Немачкој. Исто се понавља и на самом крају одломка:

"– А јеси ли ти шнајдер или ћата?
– Нисам, брате; ја се учим да будем доктор.
Сви се загледаше.
– А је ли у Биограду?
Крсман се утаче:
– Каквом Биограду, весео мајци?! Има донде педесет и пет конака. То је у Берлину."

Шваби је свеједно и не жели да помогне Видаку *у туђем свету* да се снађе и пронађе праву адресу.

"Друго је у Бечу, у Липисци, у Хајделбергу и у свим местима где Срби ђаци живе: то је једини Берлин, који је чиста чифутска варош, а нико ти не би притрчао у помоћ."[66]

Или:

"Ми остали, Срби, међутим, слажемо се да не може боље бити, и дружимо се једино између нас самих; јер са Швабама не може се иксан погодити. Наопако их волемо, што рекао неко, појели бисмо их од силне милости."[67]

Зато у једном писму поручује зету Марку:

"Немој, брате, са Швабом да имаш ништа заједно, јер када би дошао какав у Богосавац за годину дана не би било ниједног кромпира више у целом селу, нити би шале могао Бодовиначанин оставити семена од келерабе. А поред тога морао би му још сваке недеље оправити по ђогату по једну бочку пива. Мани га се!"[68]

Лазаревић се с почетка тешко сналазио и није се могао идентификовати са колегама из Берлина. По учености и култури нису били другачији од њега, али по неким навикама и понашању, примећивала се разлика између скромног студента из једне сиромашне земље и студената из знатно богатије и веће земље. Студенти у Берлину употребљавали су *бурмут*, ароматски прах направљен од дуванског лишћа који се увлачи кроз носнице шмркањем ("и пошто одува бурмут што му је из носа пао на новине, завали се опет у канабе и чита

---

[66] Писмо Лазе Лазаревића сестри Евици и зету Марку из Берлина 21. I 1874.
[67] Писмо мајци из Берлина 18. IV 1875.
[68] Писмо Марку и Евици из Берлина 26. I 1873.

даље" – *Швабица*), а „у Србији је бурмут био велика реткост, и углавном су га користили само калуђери и по варошима Турци и Грци", пише Вук Караџић,⁶⁹ а потврђује и Лаза Лазаревић: „После јој дође калуђер, блед као сир [...] хоће да се посвети и да се од свеца само тиме разликује што шмрка бурмут!" *(Баба Вујка)*. Они су се носили европски, обучени по последњој моди, а Лазаревић је често био у новчаној оскудици:

„Што сам од уста уштедео, то сам морао утрошити у хемијској лабораторији, у секционици или књижари."⁷⁰

Често се селио:

„Пишеш ми како се мама чуди што се тако често сељам. Ја сам вам писао зашто изилазим, а будите уверени да ми је ужасно тешко сељакати се. Али, кад ти је јасно да мораш, онда не остаје ништа друго, већ трпај па вуци. Међутим, ја бих се страшно радовао кад би ми се једном признало да сам и ја стао међу људе."⁷¹

Живео је врло оскудно, шест месеци вечерава само хлеба и масла или кафу са пецивом, и станује по хладним собама:

„Зима већ отпочела, али собу још не грејемо, а нећемо чини ми се тако брзо ни почети грејати; наша се баба ништа не срди када су нам собе хладне."⁷²

Ипак, трудио се да се што пре уклопи у окружење и да се облачи као и његове колеге, о чему, са пуно једа, пише у писму сестри: „Јесам ли ја балавац или свиња или просјак. Хоће он [Шапчанин] мене да усрећи новим капутом, па то ти је. Он је сад нашао некаког кројача који ће скројити каку комедију, па ћу свиснути од једа. Што ће мени да кроји којекакав Тома или Јевта којекаке џакове кад овде могу да скројим лепше и јевтиније и онако како се овде носи. И што да ја носим онако како нико други не носи! И ја сам млад човек, и мени се иште лепа хаљина и обућа и капа. Ја сам прилично испозебао и од сутра нећу више да идем у школу док се не обучем. Он ми, истина, саветује, да се огрћем струком кад идем по сокаку, а не зна да би ми се цео Берлин смејао, и да овде струком покривају само ноге у колима [...] Срамота ме од укућана; гледају ме као каквог крајњег убожара, а ја нисам више ђачић коме подноси да се обуче како хоће."⁷³

---

[69] Караџић, Вук: *Црна Гора и Црногорци*, Београд, 1972.
[70] Писмо Марку и Евици из Берлина 6. I 1874.
[71] Писмо сестри из Берлина 1. V 1873.
[72] Писмо из Берлина 1. X 1875.
[73] Писмо сестри из Берлина 2. XII 1873.

Све је ово навело Лазаревића да се још више повуче у себе. Снагу и ослонац за самоћу и све напоре проналазио је у својој породици, у мислима о својој земљи и породици. Носталгија за својом земљом и породицом бивала је све већа. То потврђују писма писана мајци и сестри из Берлина:

„Примите ме, молим вас, ја више не могу да издржим. Само да вас видим, само да вас пољубим, да вам кажем колико вас волим, па слободно опет тражите кола, и ја ћу се опорављен и весео дићи опет у свет"[74]

„Нема ваљда ни минута кад не мислим на вас. Неки пута на предавању отме ми се мисао, ја се нађем међу вама; ту од предавања нема ништа и ја се зачудим кад видим ђаке поустајали и професор показује леђа. Чини ми се има до распуста још сто година, и ја сам на муци да зауздам своје жеље."[75]

У далеком и леденом Берлину он вечито тугује, чезне, плаче за својима и за својом паланком, вапије за вестима од куће и пребацује што му чешће не пишу, они не знају шта значи писмо у туђем свету, а оно је „тако мио гост, да га ничим платити не можемо".

„Све то само да би развлачило приповетку, и све то само да би онај разумио који је своје рођено дете морао послати у туђину, или који је сам у својој младости морао оставити свој завичај." *(Школска икона)*

У приповеци *Швабица* описан је дуел коме је присуствовао Миша Маричић:

„Сав се улепио фластерима по лицу, био чова на дуелу. [...] Ја не знам знаш ли ти њихове дуеле. Они туре на очи наочаре од жице, подвежу свиленим крпама и концима сваку јачу артерију на врату и лицу, умотају десну руку такође свилом. Кроз ту свилу не може прорезати сабљица којом се они дуелишу. А та је сабљица, такозвани 'рапир', оштра само до половине, и они се секу само врхом, и то само по лицу да види свет њихово јунаштво. Рана коју та сабљица задаје потпуно је безопасна, јер не може погодити ниједан део тела који би био опасан за цео организам. Залепи просто фластером и сутрадан је све зарасло. Они имају једно време у години када се морају да 'дуелишу'. Онда ревносно чепају ногама и позивају на дуеле... Да то чине деца од десет година, било би ми разумљиво, овако је гадно."

---

[74] Писмо мајци из Берлина 6. X 1873.
[75] Писмо сестри и зету из Берлина 14. V 1874.

Не само у Немачкој и Берлину, већ и у многим другим земљама, дуели су били место на коме се показивала или доказивала част. Били су јако чести, а повод за дуел или, како су га још називали *задовољење*, могле су бити и неке сасвим безначајне и свакидашње ситнице:

„Поред мене прођоше два пијана човека. Један се бекељаше на ме и гурну ме лактом. Нисам му полетео у очи, нисам тражио никака 'задовољења', као што би то другда може бити радио (та ви ме сви зовете прзницом). Ћутао сам и ишао даље." *(Швабица)*

Врло је вероватно да је Лазаревић, будући да је био студент у Берлину, ако не учествовао, сигурно присуствовао неким дуелима судећи по тачности њиховог одвијања и описивања у својим приповеткама. Опис дуела није опис уобичајеног дуела, који можемо видети у филмовима. Овде се ради о посебној врсти борбе која јесте била, и још увек је, специфична за Немачку. Њен назив је „Mensurfechten" и означава борбу на одређеној раздаљини при којој се борци нису кретали већ су стајали у месту. Ове борбе су се водиле међу студентима (буршевима), организованим у братства на својим универзитетима. За улазак у братство ваљало је показати храброст и вештину у борби, а ожиљци су били статусни симболи. Његово лице избраздано ожиљцима свима јасно даје до знања да га се треба клонити:

„Макс се искашљиваше кад уђе у собу. Седе немарно за сто и узе некакво важно лице, као да је делио мегдан с Курсулом, па ипак он хтеде се начинити равнодушним, као да он и не мотри на тако обичну ствар и као да је и заборавио да је сав ишаран као Сидовљева карта Европе. Он очигледно чекаше да га ко запита за његово јунаштво." *(Швабица)*

Опис опреме бораца је потпуно одговарајући, али се разликује у избору оружја. Борбе су вођене сабљом, а „рапир" је назив сасвим другог оружја које је изашло из употребе крајем 17. века. Вероватно је реч о шлагеру, врсти лаке сабље за дуеле студената и грађанства, или, пошто је употребљен израз сабљица, може бити и кратка сабља, звана „дужак", која због свог танког сечива подсећа на папир. Што се тиче позива на дуел, није било опште прописаног правила[76]. Начин позивања је био особеност сваког универзитета. Ако би Лазаревић примио овакав позив и држао до своје части, био би обавезан да се позиву одазове:

---

[76] Станковић, Александар: *Витешко, дворско и грађанско мачевање у Београду: Епоха школа: 1903–1940*, Београд, 2003.

„Истури груди и, обичним тоном и речима којима се они зову на дуел, рече ми: Ја вам стојим у сваком погледу на расположењу."

„Ја као најстарији медицинар усудио сам се дати му једну лекцију, после које ми је он претио да ће ме звати на дуел." *(Швабица)*

Лаза Лазаревић се још једном доводи у везу са мачевањем. Наиме, грађанско мачевање тог доба није као помама и мода обузела у толикој мери Београђане као што је обузимала грађане Беча, Пеште, Париза или Загреба. Оно се упражњавало у цивилним школама у оквиру предмета Војна гимнастика. Године 1881. група млађих људи, која је за време студија у иностранству учила гимнастику и мачевање, покренула је акцију за оснивање новог друштва у коме се може вежбати и мачевалачка вештина. Тако се 8. октобра 1881. године начелник санитета у Министарству унутрашњих дела др Владан Ђорђевић (иначе један од првих ученика у школи мачевања Стеве Тодоровића) обратио писмом свим познатим активним и неактивним београдским учитељима мачевања тог доба. Ту су били пре свега Стева Тодоровић, Љубомир Илић и Ферђо Михоковић. У писму им је постављено питање да ли би држали бесплатно часове мачевања у једном новоотвореном друштву. Они су на то пристали. Ову иницијативу је подржало и министарство унутрашњих дела са Милутином Гарашанином. Тада је свим заинтересованим упућен позив на оснивачки састанак нове организације: „Београдског друштва за телесно вежбање и борење" 20. октобра 1881. године. Састанак се одржао у сали гостионице код Српске круне. За оснивачки одбор позив су потписала 33 лица, међу којима је и др Владан Ђорђевић, Лаза К. Лазаревић, Никола Пашић, Милутин Гарашанин, Милан Ђ. Милићевић, Милорад Шапчанин и др.[77] Постоји још један доказ да је Лазаревић био позван на двобој, разлика је само што то није био двобој са сабљицама већ са ватреним оружјем. Наиме, Благоје Недић, Лазаревићев сестрић, тврди да је Лазаревић по окончању везе са једном Немицом био позван на двобој од њеног брата. Лазаревић напише писмо побратиму Кости Христићу у коме га моли да припреми његову мајку, у случају да он погине на двобоју јер, како сам каже: „нисам баш добар нишанџија". Христић, уплашивши се за побратима, обавести берлинску полицију и до двобоја никада није дошло. Лазаревић је овај Христићев гест схватио као кукавичлук и подлост, и то је био разлог прекида њиховог десетогодишњег

---

[77] Станковић, Александар: *Витешко, дворско и грађанско мачевање у Београду: епоха школа: 1903–1940*, Београд, 2003.

пријатељства, који је трајао неколико година. Не зна се да ли је двобој био заказан због Ане Гутјар или неке друге Немице.

Лаза Лазаревић се у Берлину 1878. године упознао и дружио са државним питомцем Живаном Живановићем, писцем *Политичке историје Србије у другој половини XIX века*.

„Седећи крај ватре говорили смо о именима. На то ћу ја рећи да ми је криво што, где год видим у војсци Живана, све је или 'сејиз' или 'ашчија' или налик томе, а волео бих да их видим као заставнике итд. На то одговори један сељак: '– Господине, немој да се љутиш што ћу ти рећи, кад говориш о имену. Ти знаш коње алате. Они махом не ваљају ни један; али, кад се потреви алат да ваља, он превазилази све коње... Тако су и људи којима је име Живан..."

А у одломку *Секција* Живану поче причати како на име не вреди много полагати као на коња боју. Вели:

„Ето баш сав свет каже да алат не ваља, а ја имам једног коња алата, вреди сто минцаћа [...] Да си поштен, ама не прими за зло, ружно ти је име."

Живан Живановић, Лазаревићев друг са студија у Берлину
„Мој нераздвојни пратилац Живан Живановић,
који ми богзна како честита..."[78]

---

[78] Писмо Лазе Лазаревића мајци из Ниша 4. X 1885.

Лазаревић је био образован човек који је дуго боравио у иностранству:

„Лако је вама: ви сте човек образован, учили сте толике науке, нарочито природне науке, били сте у Бечу, у Паризу." *(Секција)*

„Бога ти, дијете, та ти си светски човек!"

„После му дође на ум растанак и опроштај који је за њега био лак, јер је ишао у свет, у велику варош." *(Вертер)*

„Па ви сте живели у Београду? – Шест година..." *(Секција)*

„Паде ми, дакле, на памет да сам ја 'био у Паризу' и да сам 'светски човек', па изгњечим своје срце као chapeau claque (врста шешира, попут цилиндра) и слободно корачим напред."

„Тада се у мени поче копрцати 'филозоф' и 'светски човек'." *(Ветар)*

У одломку *На село* јасно су уочљиве огромне разлике између јунака који су образовани и оних који то нису. Један од јунака је интелектуалац, који се образовао и школовао у иностранству, а други је неко ко се целог живота није померио из свог села. И ту се препознаје Лазаревић, сакривен у лику младог дошљака Маричића, као интелектуалца, који је боравећи пет година на Западу попримио пуно од њихове културе. Он не може да разуме Тривунову веселост; смета му што застану пред сваком механом; смета му шкрипа кола, која су прошла поред њих („кола су шкрипала у тој мери, да ми у мозгу пропишта"), сажаљиво гледа на босог Циганина који је на себи имао само гаће и раздрљану кошуљу из које су вириле, густим длакама обрасле груди и на јадна распадајућа кола којима је превозио шачицу дрва. Све му је некако неозбиљно и без реда, и све се градацијски појачава: кочијаш не зна којим путем да иду, алави Циганин му оте скоро сав дуван који је имао, људи на које су наишли се надвикују објашњавајући им правац, некултурно упадају једни другима у реч, упућују га на пут који је нераван и непроходан, сељаци испрегнули стоку и сакривају јармице у трње да их не би покрали, јер „има свакојака света", оставише посао за понедељак, јер „грехота је дуго радити а и сутра је недеља", сељаци не знају ни где је Берлин, не знају шта је железница, већ им један од њих преводи – „то су гвоздена кола". Лазаревић је и сам свестан колики се јаз направио између њих и колико се он сада разликује од људи свога краја. То сам признаје, називајући себе „размаженим господичићем": „Не даваше ми се, јер се бојах да ћу и сам остати без духана, а ми смо ти, размажени господичићи, без турске цигаре најнесрећнији" *(На село)*. Примећује како га посматрају другачије: „Не знате ви, господа, ништа. О не једете прохе, о не пијете ракије, о у пола лета навлачите рукавице! Зато и јеси тако ужутео. Ха, ха, ха! Шалим се, жив ми"; „Нуто како се пофранцузио!" Примећује како се сељаци дистанцирају од њега, иако је одрастао у том крају: „Сељаци се очевидно снебиваше да говоре са мном." И посматрајући све то, на крају одломка и сам признаје:

„Ја се час чудих њиховим појмовима, час ми бијаше жао, час ме обузимаше нека школска сентименталност, и на послетку се прилагодих њиховим појмовима: тј., удешавах своје речи тако како мишљах да ће ме они најбоље разумети."

„Историчари, у српској интелигенцији виде главног генератора промена које су довеле до тога да је Србија већ у последњој трећини XIX века, односно на почетку XX века, била држава у европском смислу речи. По њима, државни стипендисти, који су се 'за десетак година... враћали у отаџбину као париски, бечки, лајпцишки и петроградски доктори наука' заузели су високе положаје у државној и друштвеној хијерархији, што је било од пресудне важности за развој земље."[79]

Нове зграде у Бечу: Универзитет

---

[79] Трговчевић, Љубинка: *Српска интелигенција у XIX веку*, у: *Европа и Срби*, Београд, 1996.

Прва група од десет државних стипендиста упућена је у Аустрију 1839. и вратила се 1842. године; друга половином педесетих а вратила се 1858. (носиоци либералних идеја); она која се шездесетих година школовала у Русији и Западној Европи донела је у Србију социјалистичке идеје. Љубинка Трговчевић разликује три генерације српске интелигенције у XIX веку: „1) до средине XIX века, 2) од педесетих до средине седамдесетих година и 3) од осамдесетих година до почетка Првог светског рата. Аутобиографије и мемоари неких од њих показују, међутим, да су они у западноевропским земљама живели изоловано, најчешће повезани са руском емиграцијом, и да нису постали западњаци управо у смислу прихватања културних вредности. Они су у Србију донели идеје и појмове; били су писци закона, организатори институција, покретачи."[80] Све је то почело још око 1847. и трајало до касних осамдесетих. Они су уносили и нову моду, и другачији начин одевања. О томе сведочи и Димирије Маринковић: „Уз то почело је поред Срба из река, који су овде ради службе долазили, да се враћа и велики број наших питомаца на страни, који су сви почели да живе и да се носе европски. Европско одело, а нарочито код чиновника, почело је нагло да смењује турско одело. Пре Буне (Мађарске буне) уколико ја памтим, од наших великаша носили су се европски само: Петронијевић Аврам, отац Милана Петронијевића, Илија Гарашанин и Станишић и по који већи чиновник из прека, све остало носило је турско одело, а после Буне и сви саветници почели су да доондашње одело замењују капутима." Поред начина одевања, они који су студирали са стране, донели су у Србију и другачији начин живота. Све је почело да бива *по немачки*, како су то називали становници, који су још увек носили турске чакшире, џубе, јелеке, фермене и џамадане... „Господин Стојан извади из капута (у оно доба је по који 'господин' већ носио 'немачки') једну хартију..." *(Он зна све)*. На кућним забавама почеле су се играти другачије игре, организовали су се балови и на њима су се играле немачке игре, како сведочи Маринковић „*где су се двоје уз свирку вртели* и та се игра звала *тајч*, а потом полка и шта ти ја знам већ".[81]

У току свог боравка у Немачкој Лазаревић је 1873. године био на Лаби, реци која се налази на граници Чешке и Немачке. И тај незаборавни догађај пресликао је у своје приповетке: „Око нас шума и

---

[80] Трговчевић, Љубинка: *Српска интелигенција у XIX веку*, у: *Европа и Срби*, Београд, 1996, стр. 259–271.
[81] Маринковић, Димитрије: *Друштвени живот у Београду око 1847*, Београд, 2005.

чисте стазе. Као да чујем Лабу, и детао негде кљуца, и у ушима ми зуји, и ја гледам горе и видим само небо и њу!" *(Швабица)*. Исту реку Лазаревић помиње и у писму сестри: „Бастај то је једна грана стена, гола као прст, а наднела се над реку Лабу [...] Кад се доле погледа, изгледа све као дечје играчке, река се сузила, рекао би нема два-три корака, пароброди изгледају као кутице."[82]

Берлин је у много чему утицао на Лазаревића као писца. То је можда најбоље уочио и написао Милан Кашанин: „Берлин је утицао на његово схватање живота, на понашање, карактер, на метод рада. Живећи годинама у Берлину и залазећи у Саксонску и Источну Пруску, читајући немачка научна и књижевна дела, много шта је примио од Немаца. Идеали једне личност из његова Вертера – *мати, жена, деца, кураж, отаџбина, част* – Лазаревићеви су идеали, и он их није могао наћи на другом месту до у Немачкој. Склоност ка сентименталности – и његова и многих личности у њега – имају ослонца не само у његовој природи, него и у немачкој лектири; вертеризам – присутан у неколиким његовим приповеткама – дошао му је из немачке књижевности и немачког друштва. И смисао за методичност и ред у приватном животу и књижевном раду великим делом ће бити резултат његовог немачког научног васпитања. „Ја са немачком хладноћом систематски разрађујем материјал", каже његов Јанко у *Ветру*. То исто се може рећи и за Лазаревића кад пише приповетку."[83]

---

[82] Писмо сестри из Берлина 6. X 1873.
[83] Кашанин, Милан: *Светлост у приповеци (Лаза Лазаревић)*, Судбине и људи, Београд, 1968.

11. *Швабица*

Боравак Лазе Лазаревића у Берлину 1872–1876 може дати почетну основу за тумачење *Швабице* као личне повести младог студента. Наслућује се да је настала по узору на Тургењевљеву новелу *Фауст*, чији је превод објављен у часопису у којем је Лазаревић радио као сарадник. Сличности између *Фауста* и *Швабице* су очигледне – обе су писане у форми писма која међусобно размењују два пријатеља, у обе се спомиње берлински ђачки живот, обе садрже елементе о пријатељевом наслућивању и подсмевању, као и о првашњем одбијању а каснијем признавању заљубљеног човека. Лазаревић се 1. октобра 1873. уселио у нов стан у Фридрихштрасе бр. 111, о чему пише својима: „Од првог сам се уселио у нови стан. Могу вам се само хвалити. Газдарица ми је необично добра и уредна жена. Он има једну ћерку."[84] Та ћерка је Ана Гутјар. Та ћерка и љубав коју млади студент осећа према њој, биће главни мотив у *Швабици*. Та ћерка је заиста постојала, као и тај млади студент, који је лично Лаза Лазаревић. Иако у нашој прошлости није било ништа необично да се Срби заљубљују у Немице, услед приличних сличности између Словена и Германа (склоност ирационалном, смисао за музику и књижевност, јаки пагански корени, а постоје бројни примери превазилажења тих предрасуда, као брак Вука Караџића или лингвисте Ватрослава Јагића са Немицама), у средини у каквој је одрастао Лазаревић брак са Немицом био би за сваку осуду: „Нарочито је моја мајка била задовољна што јој нисам довео 'из Париза

---

[84] Писмо мајци из Берлина 6. X 1873.

каку Швабицу' па да 'не уме с њоме ни говорити'", потврђују речи из приповетке *Ветар*.

Више су но очигледни аутобиографски елементи у овој приповеци: и главни јунак студира медицину и станује у пансиону Анине мајке. Лазаревићева и Маричићева судбина је иста, исти је почетак, исти је крај. Лазаревић и Маричић су једна иста особа, што је, прикривено, и сам Лазаревић потврдио дајући му своје старо породично презиме – Маричић. Наиме, Лазаревићевог оца и стричеве, по њиховој мајци, називали су Маричићима. Стога није случајно што исто презиме носи и јунак недовршене приповетке *На село*, која је такође настала по догађајима из живота Лазе Лазаревића. Тврђења су и многих критичара да је *Швабица* лична повест и да је баш зато Лазаревићева жеља била да се рукопис спали и уништи. Лазаревићев зет, Милорад Шапчанин, и његов сестрић, Благоје Недић, сведоци су те жеље, која је изречена након што је Лазаревић запросио Полексију, сестру побратима Косте Христића. Што је *Швабица* ипак угледала светлост дана заслужна је његова мајка, која је међу хрпом папира на Лазаревићевом столу видела рукопис, издвојила га, желећи да га натенане прочита, и затурила негде. Лазаревић га је тражио, вероватно у намери да га уништи, међутим рукопис, затурен у прегради ормана, остао је скривен и неколико година након Лазаревићеве смрти. Тек тада су га пронашли и објавили. Уочљиви су и други биографски елементи који се надовезују на описе младог студента: о њему прича како говори француски, зна руски, учи енглески, како је за време распуста 1874. године одлазио кући, како се дописује са сестром, мисли често на мајку и колеба се да ли да туђинку узме за жену. Лазаревић је задржао име девојке и појединости о њеним годинама, њеној малој руци, њеном чистом певању и њеној поклоњеној слици. Међутим, није само лик Швабице настао по узору на неку особу коју је Лазаревић лично познавао. Да су многи ликови конструисани према стварним људима сведочи и лик Спалдинга у *Швабици*. Прототип за овај лик је Американац Чарлс Паркер Спалдинг, који је са Лазаревићем студирао медицину у Берлину 1872–1874. Прототип за Сергеја Томанова, руског студента, који је такође живео у пансиону, Лазаревићев је колега Николај Иванович Туманов. У Лазаревићевој заоставштини пронађена је и слика Туманова „са дубоким брковима и још дубљом брадом", како је описан у *Швабици*. Ту слику Туманов је у Цириху 15. августа 1872. посветио госпођици Каролини Фишер. Међутим слика никада није доспела у руке дотичне госпођице, и место ње слику је добио Лаза Лазаревић, који је прецртао посвету и дописао својом руком 'пренесено на ме у Берлину'. У доњем делу остао је непрецртан, поред осталог, руски потпис *Тумановљев*. Град у се којем догађа радња приповетке назван је неодређено Х. Међутим, подсредно спомињањем берлинских улица *Албрехтштрасе* и здања *Концерт-Хале, ресторан Хилер*, уочавамо да је Лазаревић описивао град у коме је студирао, места на која је одлазио и улице којима је пролазио. *Албрехтштрасе* је улица у Берлину на путу између Лазаревићевог пансиона и Тиргартена „пред Хилеровом посластичарницом" (у неким издањима Шпилер је реминисценција на познати ресторан Хилер у улици Унтер ден Линден). На 1 км од Лазаревићевог пансиона налазио се велики парк Тиргартен. Засигурно је на тај парк Лазаревић мислио када је поменуо „огромни парк" у *Ветру*: „Сетих се кад сам јој главом лежао у крилу на клупи, у драждјанском Великом парку."

Милорад Поповић Шапчанин,
зет Лазе Лазаревића

Аутобиографски трагови у прози Лазе К. Лазаревића

Тиргартен[85] *1898. – најпопуларнији и најпространији парк у Берлину. У 16. и 17. веку Немачки владари су у њему ловили јелене, дивље свиње и зечеве. За време Другог светског рата парк је био уништен јер је у општој несташици дрвеће посечено за грејање.*

Лазаревић исти поступак понавља и у *У туђем свету*, приповеци написаној такође за време његовог боравка у Берлину. Реч је о улици *Цимерштрасе*, која се налазила недалеко од улица где су стизали возови из Беча и Дрездена „у даљини пиштао је железнички воз" – (*Швабица*), и улици Мауерштрасе, која се налазила у близини претходно поменуте улице. Помиње се и Бранденбуршка капија, која се налазила недалеко од његовог пансиона.

Исто је и са новинама и часописима који се помињу у приповеци: *Фигаро* је бечки хумористички недељник који је излазио у то време. Иако новине под називом *Абендпост* тада нису излазиле у Берлину, писац је вероватно пред собом имао новине *Винер Абендпост, Бајлаге цур Винер Цајтунг*[86]. Исто тако *Монтагс-Цајтунг*[87] су новине које су излазиле од 1879. у Берлину: „Они људи с новинама у ковчезима, који им висе о врату, извијаху њима својственим гласом. Montags-Zeitung, Abendpost, Figa-Figa-Figaro!" (*Швабица*.) У *Вертеру* се помињу Аугзбуршке новине, по свему судећи, Лазаревић мисли на

---

[85] Tiergarten (*нем.*) – зоолошки врт.
[86] Wiener Abendpost, Beilage zur Wiener Zeitung.
[87] Montags-Zeitung.

Алгемајне Цајтунг,[88] аугзбуршке новине, које су у XIX веку сматране за најбоље обавештене новине у Европи. У незавршеној приповеци *Вучко* помиње се лист *Видовдан*. Лазаревић је засигурно мислио на београдски дневни лист који је излазио од 1861. до 1876.

На крају *Швабице* Ана је умрла. Нема никаквог трага зашто и како. Уместо података о томе, приповетка се завршава нестанком и повратком Анине слике. И то је најемотивније и најјаче место у приповеци. Кулминација Мишине патње, врхунац његове боли. А као спомен те патње остала је у Лазаревићевој руци Анина слика да га заувек подсећа како на једну заувек изгубљену љубав тако и на цео његов, чини се, заувек изгубљени и промашени живот:

„Данас је управо две године дана како је Ана умрла. Шта се није од то доба променило! Ја сам постао сасвим други. Побратиме, пусти ме да се исплачем – последњи пут! Све ме је оставило. Идеали и идеје, широке груди и тесне ципеле, патриотство, рад, – на све да се насмејем [...] Деца моје сестре још ме непрестано воле – не избијају из моје собе. А моја сестра, – ех, побратиме! Ти ме питаш: ама тргни се, болан, стреси ту прашину, дигни још једном поносно главу! – Покушавао сам. Сестра ме одведе кројачу, изабере ми хаљине, уреди ми собу, обрише микроскоп и запрети деци да ће одбити прсте ономе који у ма што ујкино прихвати. И ја отпочнем. Уредим којекако ствари. Извадим неколико књига и наређам на сто. Болесницима одредим извесно доба дана кад сам код куће, итд. Други дан све опет по старом. Отворим албум и гледам њену слику, и све ми се замота у црно. Неки дан тражим њену слику и нигде да је нађем. Одем сестри у собу.

– Сешо, да ниси ти узела њену слику?

Она мрдну главом, тури доњу усну у уста и гледаше ме питајући да л' се срдим.

– А што ће ти, сешо?

– Поклони ми је – рече она.

– Сешо, све ти поклањам шта хоћеш, и њену слику, ако хоћеш баш да је узмеш. Ал' што ће ти? Дај ми је, молим те!

Извади њену слику из недара и даде ми је, па бризну у плач и тури главу мени на груди:

– Бато, бато!

– Не плачи, сешо, – рекох јој. Узех слику и одох напоље...“

---

[88] *Allgemeine Zeitung.*

Миша је први пут учинио по својој вољи. Иако је сестри и мајци одвећ дао своје срце, свој живот и душу, од Анине слике није се могао растати. Она је била само његова, и није желео да је са неким дели. Лазаревић је сачувао слику, а то исто је урадила и историја, јер Анина слика и данас постоји. На њој је Ана у црној хаљини, са великим крстом око врата. Уочљиве су и руке, необично лепе и неговане: „Ах побратиме, знаш ли каква јој је ручица". На полеђини слике су два записа. Горе је, подвучено дугом и снажном цртом, женским рукописом написано *Anna Gutjahr* и то је записано после Лазаревићеве смрти. Испод тога је, знатно старији и блеђи, Лазаревићев запис: Берлин 1873–1878, који означава место и време познанства са Аном. „Та прва година, 1873. поклапа ово познанство са уласком у 'једини пансион са једином ћерком'; друга година 1876. преломила је Лазаревићево странствовање. Лазаревић је обележио почетак и крај ђачке љубави. Њихово познанство се окончава 1876. када Лазаревић одлази у рат (одложивши своју докторску дисертацију за три године, коју је те године хтео објавити), из тога се да наслутити да је и одлазак на српско бојиште још један разлог окончања везе са Аном (*Онда настише прилике које Лази морадоше одвести мисли од Швабице*). Када се Лазаревић после три године вратио из рата у Берлин, узео је *квартир за се*, како сам каже: 'чист рачун дуга љубав' и писао својима сасвим другачија писма."[89]

„Поуздано се зна да је Ана Гутјар постојала, била је једно од деветоро деце колико су имали Паулина и др Карл Гутјар. Њена мајка је након смрти мужа прешла из Месерица у Берлин и отворила пансион, у којем јој је Ана помагала. Ана Гутјар је учила певање код проф. Адолфа Шулца. Са *Дојче Опер* шири музику по иностранству. Умире у Абердину као веома интересантна и паметна жена, пуна хумора, добра срца, чврста карактера..."[90] Међутим, не зна се ништа о њеној љубави са младим студентом, јер како хроничари бележе, сећала се једног Србина, али „не чешће и не више но осталих становника пансиона у Фридриховој улици бр. 111." Стога, никада се неће поуздано знати да ли је њихова обострана љубав заиста постојала. Да ли је и она ту љубав носила сакривену у дубинама свог срца целог живота, или је за њу одиста Лазаревић био само један од становника пансиона. И да ли је заостала слика довољан доказ да је Лазаревић, некада

---

[89] Јовановић, Љубомир: „Лаза К. Лазаревић", *Приповетке I*, Београд–Загреб, 1898.

[90] Ђорић, Милош Н.: *Лаза К. Лазаревић: Лекар и писац: Медицинско-психолошки оглед*, Ниш, 1958.

давно волео извесну Ану Гутјар, или је кроз његово срце пролазила и нека друга *Швабица*? Разлози за ове сумње првенствено потичу од исказа Лазаревићевог сестрића Благоја Недића, који је тврдио да је његов ујак у Берлину имао једну малу љубав, (никако велику, како нам је представљено кроз приповетку), како он каже, „један мали роман" са једном Немицом. У прилог томе је и запис Влатковића који тврди да права љубав Лазе Лазаревића није била Швабица већ кћи официра пореклом из Ћуприје, Јелица Милиновић. Као студент Правног факултета Велике школе у Београду, Лазаревић је становао у данашњој Улици краља Петра I. Једнога дана, у башти, непосредно испод свог прозора угледао је комшиницу Јелицу и заљубио се на први поглед. Од њеног осмеха и црних очију Лазаревић више није могао да побегне. Чак ни онда када је оставио и отишао на студије у Берлин. Узалуд је покушавао да је заборави у новој љубави са познатом Швабицом, Аном Гутјар. Јелица Милиновић може се препознати у многим његовим довршеним и недовршеним приповеткама. Међу њима су и приповетке *Ветар*:

Улица Краља Петра I

„Јанко, у новој љубавној грозници, сећа се љубави својих младих дана. – После се сетим Марије, ах, те прве и једино истинске моје љубави! Сећам је се као детета, сећам као жене – али не моје жене! У какав се мађионички, сањиви, срећни поглед склапају оне њене пусте очи. Ех, шта сам тада мислио, шта осећао, шта хтео."[91]

Ана Гутјар

Она се описује и у причи *Он зна све*: „[...] хтедох полако да се сакријем и побегнем. Али у тај пар погоди ме ОНО ОКО! Одмах затим ОНА као да се доиста издиже за читав хват поврх земље, као да доиста 'прхну' кад угледа мене, и одлете према кући"; у приповеци *На бунару*, где наратор каже како Арсена зна откако је био младић који се врзмао око куће комшије Бурмаза, у кога је била лепа кћи, „кћи и по! да пројашеш, што кажу поред ње, па да она превали оним пустим очима, очас ти мркне свест, и једва се држиш на коњу". Исто и у *Вертеру* – Јанко се присети своје прве љубави, њихових заједничких детињих догодовштина и у мислима: „[...] уг-

---

[91] Јован Скерлић: „Лаза К. Лазаревић", *Писци и књиге II*, Београд, 1922.

леда је малену, толишну, није јој било ни пет година. То беше она због које је он тако често као студент у великој вароши у сумраку турао руку на очи и предавао се мислима пуним чежње. То беше она којој је некада поклонио парченце земље, ограђено иверчицама, које су они обоје звали 'ливадом' и у њему убодену гранчицу врбе што су је звали 'грмом'." То беше она пред којом се „хвалио да ће кад порасте већи, отићи у војску и сећи Турке"; она, која му је безусловно веровала и предавала се оном чежњом и љубављу каквом само тринаестогодишњаци могу да воле, и она којој је обећао да ће је једног дана и узети за жену: „А на једном листу стајало је: 'ја се договорио са Маријом да се узмемо'." Њихова љубав прекинута је његовим одласком на школовање:

„После му дође на ум растанак и опроштај који је за њега био лак, јер је ишао у свет, у велику варош где ће се моћи слободно купати и пушити, а после кога је плакао, а и сада би се заплакао када се сети како је она грцала и јецала."

Свестан да су снови једно, а реалност нешто сасвим друго, Лазаревић се 10. маја 1881. године венчава са Полексијом Христић, сестром свог побратима Косте Христића. Своју љубав из детињства, своју забрањену љубав са берлинских асфалта, заменио је патријархалном домаћицом, брижном мајком. Полексија можда није имала *оне очи* од којих застаје дах и срце затрепери оном снагом која се не може обуздати, али је била његов сапутник, његово раме за плакање, његова највећа утеха, спокојство и сигурност током дугих болесничких година. Била је све оно што се очекивало од жене, мајке и домаћице. Изродила му је четворо деце, од којих је двоје преминуло за Лазина живота. Полексија је стоички и храбро поднела све то, негујући болесног мужа, обилазећи свекрву у Шапцу, домаћински гостећи све госте, и услишавајући сваку Лазину жељу и пре него је била изречена: „Погађа моје мисли и кад сам у најдубљем сну", сведочи у једном писму. Кроз писма која јој је писао из бања и са ратишта, у којима је од милоште називa *мама*, сазнајемо да је, после толико година лутања, најзад, нашао онај мир, љубав и спокојство за којима је чезнуо. Она му је створила и подарила породицу, сазидала је, и бедемом оградила њихов дом, њихов кров над главом, који је неуморно чувала и испуњавала љубављу и брижношћу. Да ли је њему сав тај спокој одиста донео мир и потпуну срећу, никада нећемо сазнати. Да ли значи нешто што је своје приповетке *Ветар* и *Вертер*, у којима највише тугује и жали за давно изгубљеном љубављу, написао управо док је био у браку са Полексијом? Да ли то значи да му она није била довољна и да ипак није могла избрисати из његових сећања Ану, Каролину, Милицу? Да ли њено име није било довољно велико да заузме сав простор његовог срца?

*Породица Косте Христића,
Лазаревићевог школског друга, побратима и шурака.
Полексија Христић седи у другом реду прва с десна.*

12. Деца Лазе Лазаревића

Лаза и Полексија Лазаревић су имали три сина: Кузмана, Владана, Милорада и кћерку Анђелију. Први син добио је име по деди, исто као што ће и Лазаревићев први унук добити име по њему. Син Кузман умро је годину дана по рођењу, 9. јануара 1885. године, а Владан пет година касније, 30. марта 1890. године у својој другој години живота. Милорад је живео од 1882. до 1951. и био је артиљеријски бригадни генерал. Завршио је 32. класу ниже школе Војне академије, а нижи и виши течај Артиљеријске школе у Нишу и Карловцу. У ратовима 1912–1918. био је командир 6. батерије Дунавског артиљеријског пука, командир батерије Моравског артиљеријског пука 1. позива, командир 2. батерије 2. заплењеног дивизиона, командир батерије Тимочког брдског дивизиона. После ратова, између осталог, био је 1932. командант артиљерије Врбаске (бањалучке) дивизијске области. Са Десанком, кћерком пуковника Матије Оптркића, имао синове Лазара и Милана. Ћерка Лазе Лазаревића, Анђелија, рођена је у Београду 3. Октобра 1885. Од оца је наследила склоност ка уметности, коју је обликовала у приватним школама Кирила Кутлика и Ристе Вукановића. Након завршене Уметничке школе у Београду, школовала се у Минхену, а потом и у Паризу у престижној школи лепих уметности, Ecole des Beaux-Arts. Радила је као наставник у Сплиту. Од Лазе Лазаревића није наследила само склоност ка уметности већ и слабо и крхко здравље, што дознајемо из писма Уроша Предића Вуки Велимировић:

„И моја добра пријатељица отмена душа и даровита уметница Анђелија Л. Лазаревићева лежи или лешкари овде, у Београду, вратив се из Сплита, где је била добила место наставнице, како би се лакше лечила од жалосног наслеђа од њеног гениалног али несрећног оца, мога пријатеља који је већ одавно под земљом. Анђелијин живот је један низ патњи. Скоро и нема тежих болести, које она већ није имала. А колико би она могла дати нашем сликарству и литератури, да је здрава! И овако је, крај свих својих недаћа, дала толико да се човек мора чудити њеној истрајности и моралној снази. И њој желим из свег, да оздрави или бар да се извуче толико, да остане међу нама што дуже. Најтеже је њеној сиротој и доброј мами."[92]

Анђелија Лазаревић је умрла 24. фебруара 1926. године у Београду у 41. години живота.

---

[92] Из писма Уроша Предића Вуки Велимировић, Београд, 9. јун 1925, у: *Новине Београдског читалишта*, јануар–фебруар 2008, бр. 29–30, Београд.

13. *На село*

Недовршена приповетка *На село*, по многим елементима се доводи у везу не само са *Швабицом* већ и са животом самог писца. Приповетка спада у Лазаревићеве сеоске приповетке које је писао „у сећању на срећне дане, када је као дечак посећивао села у Мачви и Поцерју – зато оне јесу тако идиличне и младићки наивне".[93] Приповетку *На село* објавио је Љ. Јовановић 1899. године и дао јој назив, јер ни на једном од нађених одломака у заоставштини писац није оставио наслов. Сматра се да је написана или у Србији, када је Лаза Лазаревић због рата био код куће, или по повратку у Берлин. Сличност се претпоставља и због два заједничка лика: берлинског медицинара Маричића и Трифуна кочијаша, који се појављује и у приповеткама *У добри час хајдуци, Први пут с оцем на јутрење и Вучко*. Писан на табацима као и *Швабица*, од кога га, судећи по о хартији, рукопису и мастилу, не раставља велики временски размак, одломак *На село* у основи је аутобиографска повест: одлазак берлинског медицинара родбини која живи у Румској; путовање колима од Метлићког брда ка Криваји, при чему Лазаревић задржава потпуна и права имена завичајних села (село Криваја се налази у јужном делу Поцерине; село Текериш – у североисточном делу Јадра, а у близини су села Криваја и Румска; село Румска је у јужном делу Поцерине; Метлићко брдо – брдо у јужном делу Поцерине, добило је назив по селу Метлићу). Кроз ову приповетку Лазаревић се сећа детињства. Приповедањем у првом лицу он враћа успомене на давно прохујале дане када је

---

[93] Кашанин, Милан. „Светлост у приповеци (Лаза Лазаревић)", *Судбине и људи*, Београд, 1968.

још као основац проводио распуст у поцерском селу: „Тако сам се ја сваког распуста отргавао брижљивом оку мајчином и с Крсманом проводио можда најсрећније своје дане на селу." Како је Лазаревић био слабог здравља, посете лекара који га је кљукао рибљим уљем и давао савете мајци да проводи што више времена на чистом ваздуху, остале су му урезане дубоко у сећању. А писање ове приповетке омогућило му је, не само да та сећања подели са целим светом, већ и да та сећања заувек сачува од заборава: „[...] наш лекар, који ме је уосталом, немилосрдно кљукао рибљим зејтином, да ми се и сад смучи кад помислим на њега [...] препоручивао мојој матери да ме пусти у село, јер је, за овај болест најбоље фришка луфт". Време проведено далеко од мајке засигурно је Јелки Лазаревић, већ и иначе превише брижној, доносило тугу и немир: „Мати, истина, није ме никад радо пуштала самог од себе, али је ипак на послетку морала пристати." Описи села и дечачких играрија делују толико уверљиво, да се може тврдити да је Лазаревић у њима описивао своје дане на селу. У приповеци Лазаревић пише како су јахали туђе коње, купали се у потоку, пели се на воћке, играли крмачице „од које ми и сад стоји једна белега на левој голеници", а по повратку са села доносио је „пуна кола којекаквих ђаконија: о сирчева, о пилића, о воћа, о меда, о погача, о кајмака". „На Стрму страну која се блиста у зрелом житу и по којој по стотина у бело обучених девојака жање на моби, и оне веселе усклике младога света и оне овнове на ражњу доле код потока." Лаза Лазаревић волео је природу: „Познато вам је да сам ја душу дао за шумом, ливадама, пољем, брдима, равницама итд".[94]

„Насупрот већини наших приповедача реалиста, који се ограничавају на психологију личности и на излагање догађаја, он у својим причама даје велики удео природи, идући дотле да јој каткад приписује исти значај као људима. Комична драма у *Вертеру* збива се у месту где је природа свуд присутна и када су људи у соби; две најлепше сцене у *Швабици*, једна на јави друга у сну, стављене су, прва у зимски, друга у летњи пејзаж са по две фигуре; у причи *Он зна све* централну слику чини поље са јахачима на коњима. Лаза Лазаревић није само један од првих него и најосетљивијих пејзажиста у српској приповеци."[95] Природа се јавља и на самим почецима приповедака *На бунару*, *У добри час хајдуци*, *Све ће то народ позлатити*.

---

[94] Писмо мајци из Берлина 6. X 1873.
[95] Кашанин, Милан: „Светлост у приповеци (Лаза Лазаревић)", *Судбине и људи*, Београд, 1968.

14. *Вертер*

„Још од детињства нежног здравља, а касније и нарушеног туберкулозом, Лазаревић је целог живота чезнуо за природом, за њеним пространством, свежином ваздуха, зеленилом и слободним светлом. Он је на селу, као и у бањским и климатским лечилиштима а и слободној природи око њих тражио лека својој болести."[96] У писму Ватрославу Јагићу од 19. јуна 1887. год. Лазаревић му поручује да неизоставно мора децу повести у бању и одвојити их мало од „смрдљиве, прашњаве, бактеричне бечке атмосфере."

„*Ви знате: ја сам лане био у Salckammergutu – ништа лепше од Рохича! Нарочити кад има добра друштва.*"

---

[96] Николић, Милија: *Форме приповедања у уметничкој прози Лазе Лазаревића*, Београд, 1973.

Лазаревић је током своје болести боравио у Рогашкој Слатини, Гмундену, Аранђеловцу, Глајхенбергу, Рохичу („све ми је познато 'као код куће', чак сам добио исту собу, исти намештај, исту послугу"[97]), стога је имао прилике да посматра и добро упозна свет који долази у бањска лечилишта. Можда због тога радња није као код Гетеа смештена у мали град већ управо у бањско лечилиште.

„Гмунден ми се када сам га добро разгледао, све више и више допада, и ја ћу остати овде, тим пре што ми врло добро чини, како трљање водом, тако и дисање у пнеуматичном апарату."[98]

Да је Лазаревић писао и описивао места која је познавао сведочи и сам почетак приповетке у коме упоређује бање и рат. И у рату је као у бањама посматрао људе и дешавања и дошао до закључка:

„Бања и рат имају нешто заједничко: за рат се, наиме, чине спреме годинама, а и за бању. У рату се троши без рачуна и истреса се државна каса немилице, за бању се такође потписују менице лако као љубавна писма. И у рату и у бањи живи се на парче, и свако гледа да оно мало живота – до смрти или до повратка из бање – утуче на најрасипљивији начин. Најзад, по свршеном послу прави се с пријатељем, односно са женом уговор мира, и после се приступа смањивању плате чиновницима и тоалете жени. Још има нешто у бањи што веома наличи на рат, – то је шаренило." *(Вертер)*

Те честе посете бањама у многоме су му олакшале описивање људи и амбијента:

„Као год што веле да вашар не може бити без кише и Цигана тако ни бања се не да замислити без карташа. Њих се не тиче ни само купатило, а камоли партије, паркови, музика, даме. Он се само наврат-нанос окупају, па се после сви заједно зноје обично

---

[97] Писмо из Рочића 12. VII 1887.
[98] Писмо из Гмундена 12.VII 1886.

у засебној соби, а као што се то вели, 'уз тридесет и две'. Њихове жене иду саме по парку, хучу, и јадају се свакоме кога само ухвате. Крај њих је било пуно безначајних личности које, ако запиташ ко су, одговори ти се: 'И он се овде купа'. 'Чини ми се да је из Чачка'. 'Мислим да је неки чиновник из контроле' итд."

Аранђеловачка бања 1835. на месту старог извора, касније названог „Књаз Милош": „Књегиња Љубица купањем оздравила од неке болести" те је одмах после тога направљен извор за пијење воде.[99]

Или:

„Пред гостионицом већ сеђаху и стајаху гладни гости. Нико није ништа радио, само се адвокат Нестор играо новим картама и вадио је на захтевање час четири кеца, час четири жандарма. Небо се црвенело на западу, а сунце се чинило некако суморно, велико и равнодушно, као образи у онога бандисте што ће после вечере свирати у кларинет. На широком друму лежи за шаку дебела прашина и по њој чисто сањиве бразде од коловоза. Уз малено брдашце пењаху се једна кола с арњевима, и на њима звекеташе мачка и папуча која с катраницом вишаше о срчаници. Уморни гости радознало погледаше на нове путнике, и чисто цело друштво оживе. Радозналост и ништави разговори, интриге, картање

---

[99] Костић, Михајло: „Буковичка Бања II", у: *Географски годишњак*, бр. 2, Крагујевац, 1966.

и љубавне сцене, то је главни дамар сваког купатила на свету. Нека дође само један нов, одмах распитују за њим. Ако је ма од каквог положаја у друштву, већ ће се најдаље за двадесет четири сахата знати ко је, шта је, одакле је, је ли жењен, колико му је година и плате, карта ли се итд. И тек ако му је и спољашњост и положај без икаква значаја, он ће се и после двадесет и четири сахата звати 'онај с расеченом усном', или 'она с кучетом'. Није, дакле, чудо што сва публика, мада беше обзнањено да вечера чека, оста напољу да види новог путника."

Рохич

„*Пошто ми се никако не спава, то ћу да ти пишем како проводим дан. Ако ли пак заспим раније онда сам и у 5 на ногама. Изађем из куће, пијем воду, шетам се, доручкујем, и до десет једанест сати читам или пишем штогод. Тада изађем у друштво, пробаскамо, ручамо и тада могу увек по један сат да отспавам, што чиним увек кад сам будан ноћ провео. После спавања читам или пишем, или као на пр. данас, картам се до 5. У 5 ме муче хладном водом, све док не дођем под туш од 12 гради, па онда опет ухватим брдо. Кад се добро угрејем, сиђем доле, слушам музику, гледам месечину и – мислим на вас.*"[100]

И заиста, ни у једној приповеци ликови нису толико темељно описани као у *Вертеру*. Поштар Кошутић, поручник Васиљевић и главни јунак приповетке, Јанко, као да су оживели пред нашим очима, и чини се као да их и ми управо гледамо:

„Тај Кошутић тако је лепо и безазлено знао да прича пуно лудих прича о курјацима; о преобученим царевима који ударају

---

[100] Писмо из Рохича 17. VII 1887.

својим министрима шамаре, а којекаквим протувама дају зобнице, 'зобнице, мој господине!', с дукатима и постављају их за велике достојнике; о некаком великом топу у коме свирају двадесет, 'двадесет и више Цигана'; о касама које, кад пробаш да обијеш, звоне, деру се и вичу за помоћ. Није ни себе заборављао у својим причама: нпр., како се пере сваког јутро хладном водом, 'а у зиму снегом', једе много паприке и бибера, устаје рано, и много којешта што је тако ситно као шљунак којим су посуте алеје у парку."

„Он се дружио, или управо наметао за пријатеља поручнику Васиљевићу, необично лепом и стаситом човеку, који непрестано уврће брчић и воли да га сабља саплиће, те је никад не придржава руком него је у ходу закорачује десном ногом, те тако добија изглед немарног ритера. Страшно му је мило кад му ко каже да је ђаво или обешењак, и труди се да заслужи те епитете, служећи се бљутавим изразима, нпр., 'грозно глуп', 'гадан да бљујеш', итд. Воли да говори о јуначким стварима и много држи на своју, као што он говораше, 'официрску част', али воли да га дирнеш у око, него да му противречиш. Особито у 'чисто војничке ствари' не трпи да се меша 'лаик'. Онај, опет, онде, у сламном шеширу с белим платненим 'енглеским' ципелама, то је апотекар Катанић – страшан обешењак и велики интригант. Знао је свачије тајне, и неких пута, кад значајно жмирне, чисто му на челу пише: 'Знам чија је оно лепеза' или: 'Видео сам кад си је очепио'. Он игра шаха, али само једним оком гледа у фигуре, а другим на удовицу што се већ час по завраћа од смеха и покрива уста лепезом, јер је поручник обасипаше несланим досеткама."

„Један пак гост ове бање јунак је ове приповетке. Чиновник, човек од тридесет година, именом Јанко. Обла, бледа лица које изгледаше сасвим безначајно, само што у очима као да се читаше нека наивност и чежња. То се виђа на људима сасвим младим који још нису покварени 'светским лукавством', који још шкрипе зубима кад слушају за 'сузе рајине' и лупају песницом о сто, кад се пева штогод где севају јатагани, – једном речи: то беше човек са широким грудима и тесним ципелама. Тим чудноватије изгледаху његове очи од двадесет, поред бркова, од тридесет година. Томе ће зар бити узрок његово васпитање и живот од колевке. Одрастао у богатој фамилији, одгајен нежно као девојка и у целом животу тако служен срећом, да никад није читао Хамлета ни вечеравао лука и хлеба. Док је био код куће, имао је добре учитеље који су му и у граматичким анализама давили поучљиве примере, нпр., 'добар ђак добија похвалу'; а кад је пошао на пут, добио је писмо од оца, у ком су у седамнаест тачака била разложена сва правила паметног и доброг владања. Преко, 'на наукама', био је до пре пет година бавећи се управо ничим, или, као што се то онда звало 'камералним наукама'. Страсно је читао Виктора Ига и одушевљено говорио о њему, а у себи чезнуо за романским јунаштвом! Беше већ загазио у доба мужанства, не сркнувши из чаше љубави, осим што од једне ситнице из његова детињства почесто натезаше да начини, по свима прописима Лемкеовим, идилску љубав. Па ипак он у срцу осећаше ту љубавну празнину, и како млади људи што год читају апликују на се, то се и он једном бављаше мишљу да обуче гвоздене ципеле, па да иде по свету тражити свој идеал, као што је то у некаквој књизи за некога читао. Бавећи се тако самим собом, можда више но што би требало он се, као што он то зваше, 'израђивао', то јест све радио, или хтео радити, по неком принципу. Срећом, из француских романа заборавио је браколомство, а запамтио част и славу. А има ли у овоме кога тако силног као што је Француз! Отуда је он поштовао своју реч већ до детињарлука; отуда скидао капу застави где год ју је видео; отуда га је за време бокељског устанка једва у Новом Саду стигла потера коју је отац за њим послао, а без које би он извесно отишао у Боку. Најзад, са тога 'израђивања' себе самога долази и она необична превртљивост расположења: час весео до раскалашности, час тужан и суморан као да сав свет гори, а све с какве ситнице: нпр., што је начелниковица послала пандура да истера просјака из авлије или такво што. Готово се ни с ким и не дружи. Срета се, истина, с гостима јутром и вечером код извора, скида им капу, каже или пита колико је сахата и припаљује цигару, – ал' више ништа. Обично бежи под ону липу у брду до које нема ни стазе и где га нико не може сметати."

И сам овај опис Јанка, доприноси већ поменутим тврдњама да је Лаза Лазаревић кроз овај лик насликао себе самог. Лазаревић је имао тачно тридесет година када је написао *Вертера* и Јанко има управо толико! Јанко је одгајен нежно као девојка, „био је преко на наукама", а најважнији у животу су му били част и поштење. Баш као и Лаза Лазаревић.

15. Кафане

„Па знаш онда шта?
– А?
– Па да идемо у 'Старо здање'.
– Још како!"

Побратими

У време када је Лаза Лазаревић живео, тачније током целог 19. века и почетком 20. века, кафане су имале велику улогу у јавном животу Србије, друштвеном, привредном и културном. Зато није случајност што их Лазаревић често помиње, само у приповеткама (без одломака) чак преко 40 пута. У Србији у периоду од 1860. до Другог светског рата Београд је имао више од хиљаду кафана и механа. Тачан број никада нећемо дознати. Др Видоје Голубовић, аутор књиге *Старе кафане Београда*, успео је да попише чак 960, али свакако да их је било много више, јер засигурно је било и мноштво мањих кафана, чије власнике и имена нико није забележио, о којима нема писаних трагова. Сваки сокак, свака улица имала је бар по једну кафану. „Крајем 19. века у данашој Македонској улици било је око 40 кућа и око 20 кафана или гостионица. На Позоришном тргу, данас Тргу Републике, у том периоду је било шеснаест кафана, а у Поенкареовој на Варош капији је било 12, на Теразијама 11, у Скадарлији седам, на Славији девет, у Дубровачкој улици, у доњем делу, 16 кафана и гостионица, а слично је било и у осталим деловима града."[101] Све то је разлог тако честог помињања кафана. Лаза Лазаревић није био боем, није проводио дане и ноћи пијан за кафанским столом,

---

[101] Голубовић, Видоје: *Старе кафане Београда*, Београд, ЦД група, 2005.

ћаскајући са пријатељима до раних јутарњих часова. То му, засигурно, не би допустило његово одвећ крхко здравље, а са друге стране, времена за то није ни било, услед сталног боравка у болници и лечења болесника како у њој, тако и ван ње. Томе се може додати и, већ поменуто великошколско усађено уверење о штетности кафана и забрана њиховог посећивања. Међутим, с друге стране, велики је број чињеница које говоре у прилог томе да је и Лазаревић често био гост кафана и гостионица. На првом месту је то што се читав културни, забавни и друштвени живот Србије тог времена одвијао у кафанама.

Кафана „Албанија" је било место окупљања многих познатих Београђана с почетка двадесетог века. Кафана је, заједно са сатом који се налазио испред ње, и који је био познато место састанка, срушена 1938. године, да би се направило места за палату „Албанија", која своје име дугује управо кафани. Многи Београђани су били против рушења таквог споменика.[102]

---

[102] Преузето са странице: www.starigrad.org.yu/Article/Article.aspx?CategoryId=47&ArticleId=361

У „Албанији" „ништа није било вредно помена", пише
Миленко Тодоровић, „столови расклиматани, стољака нигде, шанк стар и
дотрајао, посуђе изанђало, патос премазан олајем". Бранислав Нушић
написао је 1929. године: „Постоји и данас, као траг старог Београда, али
елдорадо свих закупаца те кафане. Не постоји кафана са мање режије
а више промета; нити постоји кафана коју посећује тако разнолика и
мешовита публика."

Свакако да Лазаревића не можемо да убрајамо у групу наших књижевника боема који су сате и сате провели за кафанским столом (Ђура Јакшић, Змај, Густав Матош, Јанко Веселиновић, Војислав Илић, Бранислав Нушић, Стеван Сремац, Тин Ујевић, Бора Станковић, Милован Глишић, Драгомир Брзак, Радоје Домановић, Дис, Сима Пандуровић, Светозар Ћоровић, Шандор Ђалски...) Кафана Лази Лазаревићу није била оно што је била набројаним књижевницима: стециште боема, место где се пуно и често пило. Место где су се окупљали махом књижевници, који су, по речима Матоша, слабо живели од литературе те стога били боеми, зоре дочекивали окружени грлатим и веселим пријатељским лицима, причајући, певајући, сећајући се давно минулих времена, на месту где се свако осећао као код своје куће. Кафана Лазаревићу није била место на које се бежи од сурове стварности, као што је била, на пример, Јанку Веселиновићу, који се у њој често опијао због неузвраћене љубави глумице Веле Нигринове, и бежао од мале трошне, рабате собе, у којој је живео окружен буђавим зидовима и трулом таваницом. Или Стевану Сремцу „вечитом нежењи", који дуго није имао свој кров над главом, те је као подстанар често мењао пребивалишта, махом због срдитих газда, који су га избацивали из соба не могавши више да поднесу његову опсесију према мачкама, „сиротим цица-мацама", како је говорио, које би сваки час доводио у стан. Ђури Јакшићу пријатније је било у кафани него у маленом, простом, скученом, сиротињском стану у скадарлијском дворишту, где су, по речима Драгутина Илића зидови били пуни влаге, а под без патоса. Лазаревићу кафана није била место где се, између осталог, јадикује пријатељима те тако олакшава туга, као Миловану Глишићу, миљенику скадарлијских ноћобдија. Поред честих пошалица и занимљивих прича, Глишић је за кафанским столим олакшавао душу причајући о свом несрећном браку са размаженом Косаром, ћерком имућног трговца Николе Стефановића, и набрајао пријатељима њене незасите прохтеве и жељу да води живот богате престоничке даме, избегавајући да се бави домаћинством, рађа децу и покаже разумевање за мужевљев стваралачки рад.[103] Лазаревић је био део кафанског живота онолико колико и сви интелектуалци, колико и сви који су били у току са свим друштвеним дешавањима. Јер, у његово време, кафане су биле једино место где се одвијао живот града. У њима су „[...] приказиване представе, одржавани концерти, састанци спортских друштава, политичких странака, еснафа, организоване забаве и сусрети, одржаване седнице Народне скупштине, уређиване новине, у њима су писане песме и учили се музички акорди, смишљане су идеје, али и јела, у њима се пило и спавало".[104]

„Лазаревић је био интелектуалац, зато њега нису привлачила декласирана лица са градске периферије, ни забавни млади људи по градским кафанама. Личности у његовим приповеткама скоро одреда припадају интелектуалном свету; ако личности у њима нису интелектуалци, интелектуалац је њихов писац",[105] тврди Кашанин. Свакако да је Лазаревић био интелектуалац те су и његови јунаци припадници интелектуалног света (о чему у наредним поглављима), али управо ти јунаци нам откривају да су Лазаревића ипак привлачила лица са периферије и људи по градским кафанама. Привлачили су га онолико колико му је било потребно да их скицира и забележи као потен-

---

[103] Димитријевић, Коста: *Романтично боемска Скадарлија*, Београд, 1997.
[104] Голубовић, Видоје: *Старе кафане Београда*, Београд.
[105] Кашанин, Милан: „Светлост у приповетци (Лаза Лазаревић)", *Судбине и људи*, Београд, 1968.

цијалне јунаке неких наредних приповедања. Ти јунаци су данашњи сведоци да је Лазаревић добро познавао живот кафана, механа и гостионица, и то се огледа, не само њиховим честим помињањем, већ и верним описивањем њиховог изгледа и гостију кафана:

Боемска кафана која се налазила на месту данашњег Народног музеја, на Тргу Републике бр. 1. у Београду. Отворена је 1855. године, а реновирана 1870, у време када је преко пута кафане отворено Народно позориште. „Дарданели" су тада постали место окупљања боема, књижевника, глумаца и уметника, који су носили дух веселог и ведрог Београда. Кафана је срушена 1901, а ова фотографија је снимљена неколико дана пре рушења, када су редовни гости направили последњи заједнички снимак испред зграде кафане.

Теразијска чесма, кафана „Велика Србија" и хотел „Балкан" 1876.

„У механи застаде цело друштво које се већ више и не сећаше на аферу и беше добре воље. Јоца Мијић завратио главу, пева песму 'Лепа наша домовино!' на глас, 'Онамо, онамо!' и тужи се што нико не уме да му секундује. Стева практикант замаче прсте у вино, те њима пише по столу своје име. Професор Недић преводи некакву беседу неког члана енглеског парламента. А адвокат Нестор тужи се како му се 'одбила карта'."

„У кафани за столом у углу сеђаше бригадир Вељко, адвокат Нестор и управник купатила, и играху карата. У другом углу бубњаше и свираше Цигани. На средини, за великим столом, беше једно десетак младих људи, као што се то вели, с чашама у руци, а у самој ствари с вином у глави. У горњем челу тога друштва сеђаше поручник Васиљевић а у доњем апотекар Катанић."

„И он се [Младен] обрадова кад стигоше гостионици где блеште свеће и весела лица безбрижних гостију." *(Вертер)*

„Уђоше у механу с масним дугачким столовима, чађавим зидовима и од мува упљуваним сахатом. На вратима која воде у авлију стоји написано облигатно 'Срећна Нова година итд.' а испод тога 'Илија! Сремчевић 14 гро: од-раки'. На среди таванице обешена лампа чкиљила је, једва пробађајући зраке кроз већ сасвим црно стакло. Насред среде стајаше једна дрвена столица са сламним седиштем и сломљеном и тако живописно испруженом ногом као да хоће да се фотографише. Капетан седе на дугачку клупу крај прозора и поче читати врло замрљано писмо. Благоје склони најпре ону столицу, псујући 'што ће ово чудо овде', седе после према капетану, загрну рукав од ђурчета и погледа по столу, хтевши се налактити. Али се одједанпут, трже видећи по столу грдну, црвенкасту масну мрљу. – Еј ти, море! Е, ово је баш преко јего! Гледај ти, молим те: мало не поквари копоран! Чујеш ти, бре, ходи овамо! Обриши ово!

Однекуд из мрачног угла довуче се једно прљаво створење.

– А шта је ово овако масно? Је ли, магарче?

– Па, механа је, мајстор-Благоје, – рече прљаво створење с толико непобитног разлога, да се Благоје разгоропади:

– Е, гле ти њега! Међер си ти неки мудрац! Па ваљда не седе свиње у механи?" *(Све ће то народ позлатити)*

„Пуна и крчма, па све наздрављају попу и његову дому. Наће се и некакав шаљивчина који наздрави 'црквеној попадији', али

Крста Замлата истеже шамаром и састави га са земљом, а увријеђени народ гракну: 'Удри, посветила ти се!'" *(На бунару)*

Лазаревић пише и имена кафана, те се помињу: Ћијукова механа (*Шабица*: „Идем сваки дан уредно трипут у Ћијукову механу на пиво и играм санса с Јовом адвокатом и Николом поручником."); Тетребова механа (*Вучко, Први пут с оцем на јутрење*: „То је била велика реткост, и ето тако се он смејао кад се десило штогод где би неки други развалио вилице да би се чуло у Тетребову механу."); Јованова механа *(На село)*, Ћукова механа *(Швабица)*. Има мишљења да је све то, у ствари, само једна крчма, најпознатија шабачка крчма, која се под различитим називима помиње више пута у приповеткама: Ћукова механа, Ћијукова механа, Јованова механа. Имена су се смењивала онолико често колико и њени власници.

Лазаревић помиње кафане по Београду, Старо здање и Грађанску касину. И у тим кафанама су неретко боравили Лазаревићеви јунаци. Мишa свог оца махом памти по доласцима и одласцима из кафана *(Први пут с оцем на јутрење)*: „У цркву је ишао само на Ђурђевдан али у кафану свако вече... Вечерамо, он тури чибук под леву мишку, задене дуванкесу под појас, па хајд! Долазио је лети у девет, а зими и раније, али неки пут превали и поноћ, а њега нема. То је моју сироту мајку и сестру пекло – ја вам се онда још нисам разумевао у лумповању. – Никад оне нису заспале пре него он дође, па ма то било у зору." Митар није пио, или бар мало, како сведочи Миша, он се, међу својим *сталним друштвом у кафани*, приклонио другачијем пороку, подједнако црном као што је и пиће. Понекад је Јанко из *Ветра* вечери проводио у кафани: „Мамо, седи ти! Идем ја мало у кафану, чека ме Јоца доктор!"; „Јанко чу како из кафане допиру нејасне промукле здравице и како звече чаше, и упути се тамо. Врата од кафане, која гледаху у 'мали парк', беху широм отворена."; „Обично после таквих приповедака ја сам њој давао Касију царицу или Доситејеве Басне, па сам ипак ишао у кафану да се нађем с Јоцом доктором." На почетку *Школске иконе* поп прекорева Перу ковача што седи у механи:

„– Зар ти – вели – у радни дан сједиш пред механом?"

– Благослови! – каже ковач и иде руци – а шта ћу кад немам посла?

– А јеси ли видио црквена кола и шину на точковима?

– Нијесам, оче!

– Нијеси, јабоме, немаш кад од механе. Треба ја да водим и твоју бригу!"

Миша Маричић *(Швабица)*, сећајући се свог родног краја замишља слику: „Пред Ћуковом механом седео је Јово шаркијаш с његовим загушљивим гласом и песмом, крај које се само Србин топи." А када се врати у свој град, каже: „Идем сваки дан уредно трипут у Ћијукову механу на пиво и играм санса с Јовом адвокатом и Николом поручником." *Стојан и Илинка*: „Стојан је нестрпљиво чекао да се похвали да је постао секретар, а бољег места за то од кафане није било." И безброј пута је прекоревао себе што банчи по целу ноћ и усиљавао се да промени свој начин живота: „Као и увек после банчења, овлада њиме неко растројство духа, и као и увек, неодољива жеља за уређеним и консолидованим животом... Не, не! Крајње је време! Томе треба већ једном учинити крај!... И то ми је уживање са балавим Мијаилом и промуклим Циганима седети сву ноћ!... Тако сам увек – мишљаше он – говорио сутрадан по банчењу. И опет нећу ништа урадити. Немам ја јаке воље." Тривун, јунак одломка *На село*, прост је и весео човек, који на путу до Криваје застаје пред сваком механом: „Коњ пође у ход. Ја видех да ће опет да устави пред механом. – Јеси ли ти при себи човече? Ти ко да светиш водицу; где год сретнемо механу, а ти уставиш!... Није прошло ни сахат како смо били пред механом. Сад опет... – Бог с тобом господине, има од Јованове механе у најмању руку два сахата... Пред нама беше механа. Коњ стаде." Он пређени пут мери по растојању механа, а дуж целог пута пратиоци су му полићи ракије, које весело испија. И он је први човек са којим се главни јунак сусреће при повратку из Берлина у свој родни крај. Одмах су уочљиве огромне разлике између њих, један је интелектуалац, који се образовао и школовао у иностранству, а други је неко ко се целог живота није померио из свог села. Примера има доста и у *Вертеру*, *На*

бунару, а нарочито у *Све ће то народ позлатити*, где се радња целе приповетке одвија баш у кафани.

У одломку *Стојан и Илинка* Лазаревић помиње Грађанску касину. То је била чувена кафана у Београду, у којој је за време Првог светског рата заседала и Народна скупштина. О Грађанској касини пише и Нушић у својим сећањима на стари Београд:

„У делу који од Кнез Михаилове слази ка Саборној цркви, једна од најзнаменитијих јавних установа, иако не кафана у правоме смислу, била је Грађанска касина на горњем спрату велике зграде друштва 'Слоге', која сад већ не постоји. Грађанска касина као установа имала је свој нарочити и велики значај за живот наше престонице и за развитак и напредак нашега друштва. Она је била средиште где се збирало све што је угледније, и трговац и официр и чиновник, и где је наш стари Београд налазио оне интимне породичне забаве какве су нарочито у тој установи неговане.

Грађанска касина је установљена 1869. године, иницијативом тадашњих интелектуалаца васпитаних на страни, који су имали прилике да виде сличне установе. Отпрве већ осетило се колико је она била добродошла београдскоме младоме друштву које, сем кафане и улице, није имало прилике где би се стекло и упознало. У Грађанској касини људи су се међусобно ближе упознали и здружили а тако исто и породице. Многи и многи данашњи брак наших очева и наших мајки има да благодари томе упознавању и зближењу у Грађанској касини. Грађанска касина је дуги низ година замењивала данашњи Народни Универзитет, јер су у њој одржавана редовна предавања из свих области науке и живота и одржавали најотменији концерти, беседе и забаве. Ту су се одржавале многе и многе конференције по привредним и социјалним питањима. Касина је имала своју врло снабдевену читаоницу где се сем домаћих новина могли наћи и многи страни листови а имала је и приличну библиотеку са врло пробраним књигама. Пре рата још, Грађанска је касина морала да напусти и своје дугогодишње просторије у 'Слози' те се одселила била у кућу др Владана Ђорђевића у Поенкареовој улици, у којој је згради и ликвидирала..."[106]

---

[106] Нушић, Бранислав: *Стари Београд*, Београд, 1984.

И још једном се у приповеткама помиње одређена београдска кафана. Реч је о кафани Старо здање. То открива дијалог помирења два пријатеља у одломку *Побратими*:

„Сутра, тј. данас кад сване дан... ја ћу да узмем од маме два динара, нећу два-три, четри... Па знаш онда шта?
– А?
– Па да идемо у 'Старо здање'.
– Још како!"

Гостионица и хотел Српска круна место где су долазили највиђенији Београђани. Гостионица је имала 17 соба на спрату. Пет најбољих „гледало" је на Кнез-Михајлову, а по 6 соба се налазило у бочним крилима. У приземљу су се налазили кафана, билијарска соба, читаоница и трпезарија. По избијању Српско-турског рата 1876. год. Српска круна била је привремено претворена у војну болницу. Зграда је 1. априла 1946. уступљена Народној библиотеци Србије. Зграда је сачувала аутентичан изглед.[107]

---

[107] Преузето са сајта: www.starigrad.org.yu/Article/Article.aspx?CategoryId=45&ArticleId=371

„На углу Краља Петра и уличице која води ка 'Пролећу' био је на новој згради, коју је кнез Михаило подигао, јелен од бронзе као знак кафани која је ту отворена те се по јелену и сама зграда раније звала Зданије код Јелена. После неког пожара у тој кући скинут је онај јелен те се зграда звала само Зданије. Када је кнез Александар Карађорђевић назидао зданије на великој пијаци, пошто је и она била зданије, то су ону кнез-Михаилову зграду почели називати Старо здање и врло је дуго носила то име. Чак и доцније када је названа 'Гранд хотел', велики је део Београђана звао Старо здање. То је била најотменија кафана у Београду, и један од најотменијих хотела, имао је необично добру европску кујну, ту су увек одседале све стране мисије као и сви остали угледнији странци који би наишли у Београд."[108]

Из другог угла, угла тих *угледних странаца* који су били гости хотела Старо здање, описује и Зигфрид Капер, Вуков пријатељ и преводилац српских народних песама. Након двочасовног путовања бродом између Земуна и Београда, овај чешки књижевник, одсео је у овом хотелу.

„Прошли смо поред аустријског посланства, испели смо се између неких тамо растурених кућица по старом и рђавом путу на висину, пођосмо поред митрополитова стана и лепе нове цркве и стигосмо до Здања. Здање је једно од оне две гостионице које одговарају европским захтевима. Власник јој је кнез Михаило Обреновић, који није жалио издатке да је и по обиму и њеној раскоши саграђи да би се могла подичити пред ма којим хотелом такозване цивилизоване Европе. Здање значи грађевина, па се тако и назива. Оно би била највећа и најлепша зграда у Београду, која би се могла упоредити са најлепшим хотелима Пеште и Беча, да и ту не завлада источњачка немарност. Много је крива тој запуштености и та околност што се у овој земљи држи још за свето обичај гостопримства, па се не осећа толика потреба за добро уређеним гостионама. Отуда ваљда долази и то да је највећи део овог издашно саграђеног хотела издат под закуп приватним лицима, понајвише чиновницима, а за дочекивање странаца одређено је само неколико соба, а и за те, не би се могло рећи да су честито уређене. Моја појава у Здању изгледа није примећена од послуге. Да нису два велика пса напала мог носача тако да је морао да збаци пртљаг и да се с њима

---

[108] Бранислав Нушић: *Стари Београд*, Београд, 1984.

потуче, изгледа да бих још и данас узалуд стајао под капијом и узалуд дозивао да ми даду преноћиште. Што моје дозивање није могло да учини, то је учинило лајање она два пса које је мој црнац безобзирно тукао чибуком. Најзад се псујући појави покућар [...] и отвори ми на крају ходника нека врата, уверавајући ме да је то најбоља соба што има Београд. Она је додуше била пространа, али је и поред тога оскудевала свачим што по схватању обичних људи припада за удобно преноћиште. Помисао о неком особитом собном намештају беше овде скучена на једну једину постељу. Али и та није била без замерке и изгледаше да ће се при првом покрету распасти."

Непријатност коју је Капер осетио, принуђен да станује неко време у овој соби, донекле је нестала када је погледао кроз прозор:

„Пред мојим очима ширио се Београд, чинећи неку, не толико импозантну колико шарену, чудно груписану панораму. Узвишење око Здања, чију највишу тачку запрема управо та грађевина, прекривено је кућама старијег и новијег начина грађења. Маховином обрасли кровови од клиса и црвени кровови од црепа, зелени капци и мушебаци турских кућа, камени зидови и читави спратови од дрвета, стварали су овде шарену, жбуновима од зове и дрветима од ораха испреплетану околину. Тесне кривудаве улице пробијале су се између кућа и баштенских ограда. Према истоку стрче трошни бедеми старе тврђаве, а иза њих местимице су се назирали груби зидови турских градина и шиљасте мале куле од џамија. Према западу и југу простирао се онај део Београда који није старији од историје борбе за ослобођење српскога народа. Тамо су куће већином нове и добро грађене, леже разасуто и раздалеко једна од друге на зеленим главицама и на зеленој пољани поред Саве. Улице су тамо већином праве и широке, нарочито у близини капија и бедема, који одвајају нову варош од њених старијих делова. У тој новој вароши све указује на неки почетак и почињање, све је ту тек у заснивању. Варош по себи не можемо за што друго сматрати, него за већ обележену основу неке будуће велике вароши, неке будуће престонице Јужних Словена."

Ако и има сумње да је Лаза Лазаревић у *Побратимима* конкретно мислио на Старо здање, она се отклања већ у наставку поменутог дијалога: „Па ја само викнем: Антоније! Дај шах и два шартреза[109]!... Макни се, бре, док те нисам овим шахом по ћеманету."

---

[109] Врста француског ликера.

*Хотел Гранд налазио се у Чика-Љубиној улици,
срушен је тек 1968. године*

Наиме, како сведочи Нушић, у хотелу Гранд (у Старом здању) још почетком шездесетих година уведен је први пут шах, и кафана је била позната управо по шаху, који су гости стално играли.

16. Лаза Лазаревић: лекар и писац

И ви сте ми леп доктор!

Лаза Лазаревић студирао је у Берлину, јер у Србији тада није било медицинског факултета. Године 1879. у Народној скупштини водила се расправа о оснивању Медицинског факултета у Београду, али је др Владан Ђорђевић, познат у нашој јавности као један од најистакнутијих лекара, оспорио сваку помисао о оснивању факултета. Ђорђевић је рекао да Медицински факултет захтева пре свега огромну научењачку снагу, „захтева професорски кор који немамо и који не можемо имати још за тридесет година. Захтева тако огромне и скупоцене научне збирке, какве не можемо за дуго време добити, па баш када бисмо имали новаца за то". Зато су студенти слати у иностранство на школовање јер је то било јефтиније: „боље да ми по 20-30 питомаца о државном трошку шаљемо на стране универзитете за лекарске науке, па ћемо за 5-6 година опет имати све наше синове за лекаре", рекао је Ђорђевић, супротставивши се предлогу народног посланика Василија Павића да се „Велика школа дигне на степен Универзитета, па да се на Школи наши синови спреме за докторе, те да они лече свој народ, уместо да се запошљавају страни лекари." У наредних десетак година више се није ни говорило ни расправљало о оснивању факултета, који је свечано отворен тек 9. децембра 1920. године.

Др Владан Ђорђевић, кум Лазе Лазаревића

Лаза Лазаревић је био један од тих питомаца који су се о државном трошку школовали у иностранству. Прву додељену стипендију за студирање у Паризу, Лазаревић је изгубио због поменутих протеста на Великој школи. Годину дана касније поново добија стипендију и напушта правне студије, иако се налазио пред самим завршетком, и 1872. године одлази у Берлин. Његова одлука да прекине студије на самом крају и започне студирање медицине била је вођена жељом да својој породици омогући што лагоднији живот, да материјално буде што боље осигурана и обезбеђена. А како су лекари знатно боље зарађивали него правници, то је његова одлука била чвршћа. Потврда томе је писмо упућено сестри: „Ја сам се кренуо амо и оцепио од вас, поштења ми нашег, сестро, само за вас. Никад вам то нисам казао, нити бих вам и говорио пре него што почнем делом за вас радити, али данас ми се сама реч из уста отима, јер би ми се иначе у парчад разнеле груди од бола."[110] Завршивши студије у Берлину, враћа се у Београд и 1879. године постаје лекар Београдског округа. Две године касније постаје примаријус Опште државне болнице, где је радио знатан број лекара који су играли велику улогу у нашем здравству, поменути Владан Ђорђевић, Милан Јовановић Батут, Јован Суботић. Здравствене прилике у Србији биле су толико тешке „да је боље и не спомињати", говорио је др Владан Ђорђевић. У то време Београд су окруживале општине у којима су се шириле велике богиње, у граду су дифтерија и шарлах „харале међу београдском децом", а ту-

---

[110] Писмо сестри из Берлина 23. VIII 1872.

беркулоза је била означавана и као „београдска болест". Београд је имао само четири болнице: општу или државну са 217 постеља, војну болницу са 260, апсеничку са 100 и болницу за душевне болести са 211 постеља. Београд је тада имао 54 цивилна и 10 војних лекара. Стање у тим болницама било је јако лоше. О томе сведочи белешка из 1910. године у *Београдским општинским новинама*: „Ко хоће да види једну грозну слику социјалне беде, треба да оде само до Опште државне болнице. Ту треба да види када дођу кола са болесницима, који из сопствене иницијативе или по нагону сопствене породице, долазе у болницу на лечење – да види колико муке и јада види болесник, док дође до једне постеље у болници... Одељење за мушке у Општој државној болници препуно је и лекар мора болесника да просто одбија. Ту се страшне и језовите сцене одигравају."[111] С обзиром да је описано стање болница 1910. године, можемо закључити да су у времену када је Лаза Лазаревић радио као лекар околности биле знатно горе, а болнице у знатно лошијем стању. Све то захтевало је од Лазаревића неуморан рад, непрестано и неуморно лечење болесника у болницама и ван њих, без обзира на умор, снагу и његово здравље. Радио је и преко својих физичких могућности. Узнемогао од исцрпљености и сам у Рогашкој Слатини у једном писму, које се из хумора преливало у иронију и сарказам, овако је сводио рачуне између свог здравља и зарађеног новца:

Медицински факултет у Београду

---

[111] *Београдске општинске новине* од 28. новембра 1910.

„Већ у Земуну за вечером нисам се могао најести, и ако да бог да овако потраје, мој ће се ћемер брзо испразнити, али ће бар трбух порасти бар за онолико, колико је злато запремало. А и право је. Док сам ја припасао ћемер, извесно сам отпасао свога рођеног меса веће парче од ћемера, заједно са његовом садржином."

Како је изгледало здравство Лазаревићевог времена, у каквим се условима радило, можда најбоље сведоче саме приповетке. У приповеци *Швабица* каже:

„Па моји будући болесници у пеленгирима, с раздрљаним рутавим прсима. Па ниске чисте собице, па мршави коњић и проста кола, – екипажа господин доктора."

Санитетски фијакер[112]

Наиме, када је Лаза Лазаревић радио као лекар, возни парк су сачињавали један фијакер, који је служио за потребе лекара и једна запрежна кола – *штајерваген*, којим су се превозили инфективни болесници. Први кочијаш санитетског фијакера био је Алекса Ковачевић, који је према потреби возио лекара у фијакеру или болесника у штајервагену. Како је Београд постајао све већи град постајало је све веће питање како најбрже притећи болесницима у помоћ и превести их до болнице. Најчешће су болеснике у болнице и амбуланте довозили сами укућани, будући да су многа домаћинства поседовала коње и кочије. Међутим, било је неопходно организовати и болнички превоз. „Први траг који нам казује да је Управа београдске вароши приступила решавању проблема превоза болесних и повређених, упућује

---

[112] Слика преузета са сајта: www.jck.org.yu/nastanak/nastan.html

нас на 1897. годину, када је београдска полиција издала *Наредбу за фијакеристе* бр. 7316, где се у тачки 14. изричито наређује: 'да је на захтев полицијских или других органа сваки фијакериста дужан да у фијакер прими немоћног или опасно повређеног и да га одвезе на заказано место у вароши бесплатно. Такође је донета одлука да ће приликом предаје довеженог од стране лекара или болнице фијакериста добити потврду на основу које ће му полицијска власт дати по два килограма зоби за коња бесплатно'."[113]

Лаза Лазаревић је био један од оснивача прве амбуланте. Седамдесетих година 19. века у Београду се оснивају: Српско лекарско друштво (1872), као „огњиште српске науке" и Српско друштво Црвеног крста (1876) као прва хуманитарна организација на овим просторима. У то време Београд добија и прву општинску здравствену установу. Тада је на предлог једанаест београдских лекара, чланова Српског лекарског друштва, међу којима су др Лаза К. Лазаревић, др Јован Јовановић Змај, др Марија Фјодоровна Зимболд и прва Српкиња лекар, др Драга Љочић, отворена децембра 1879. године прва амбуланта – *Амбулаторија вароши Београдске*. Ова општинска санитетска установа, која је прва основана, носила је тада назив *Варошка амбулаторија*. Из обавештења које је објављено у *Српским новинама* (6. март 1880) грађани Београда сазнају: „... да ће на горњем спрату Општинског суда (сада у Узун Мирковој улици), сваког дана од 2 до 3 сахата дежурати два лекара, и да ће сваки болесник, без разлике био он сиромах или доброг стања, моћи да нађе лекарску помоћ..."[114]

За свог живота Лаза Лазаревић је био члан Академије наука, учесник првог редовног састанка српског лекарског друштва, лекарски помоћник у дринској и тимочкој војсци, санитетски мајор, активни санитетски потпуковник и лични лекар краља Милана, организатор велике резервне болнице у Нишу, привремени управник резервне војне болнице. Написао је неколико написа из области медицинске науке, а до краја свог живота, 1891,[115] објавио је 77 стручних радова из медицине у Цириху, Берлину, Бечу, Паризу и Београду. У историји медицине у Србији остао је познат и по примени нових метода у лечењу

---

[113] Протић, Михаило Ф. и Павловић, Будимир Б.: „Од варошке амбулаторије до станице за хитну медицинску помоћ", у: *Хитна помоћ: Један век у Београду, 1904–2004*.

[114] Протић, Михаило Ф. и Павловић, Будимир Б.: „Од варошке амбулаторије до станице за хитну медицинску помоћ", у: *Хитна помоћ: Један век у Београду, 1904–2004*.

[115] Врло често се не узима у обзир разлика између старог и новог календара од 12 дана, колика је била у 19. веку. Лаза Лазаревић је умро 29. децембра 1890. по старом календару, а 10. јануара 1891. по новом календару.

неких болести: био је први српски лекар и научник који је у своме раду употребљавао микроскоп, извршио је прву операцију катаракте (замућеног сочива) у Србији 1886. године, применивши први пут у нас кокаин за анестезију и асептичне услове, основао је прво, геријатријско, одељење за лечење старих лица, 1881. године, које се налазило преко пута палилулске болнице у Хаџи-Николићевој кући. Бринуо се о старим лицима, која су по речима др Јеврема Жујовића, „довозили и истоваривали пред болницу, с целим домазлуком-бакрачем, коритом и поњавама."[116] Нажалост, Лазаревићева лекарска пракса није дуго трајала: две године рада у физикату, седам у болници, две у звању дворског лекара и санитетског потпуковника.

Др Драга Љочић, рођена у Шапцу, прва жена лекар у Србији, феминисткиња, учествовала је у свим ратовима које је Србија водила од 1876. до 1915. Јавно покренула питање женске неравноправности, захтевајући да жене добију право гласа.

---

[116] Протић, Михаило Ф. и Павловић, Будимир Б.: „Од варошке амбулаторије до станице за хитну медицинску помоћ", у: *Хитна помоћ: Један век у Београду, 1904 – 2004*

Лаза Лазаревић је за време Српско-турског рата био у Шапцу привремени управник резервне војне болнице. Здравствени центар Шабац данас носи његово име.

У стварању свог књижевног дела у многоме је Лазаревић лекар помагао Лазаревићу писцу. Утицао је на њега и зато су у многим приповеткама они подједнако заступљени, прожимају се, помажу један другом и на трен се и учини да је понекад и лекар доминантнији. Многа своја искуства из лекарске праксе Лазаревић је пренео у своја дела. „Неке недовршене приповетке настале су у времену када се активно бавио лекарским позивом и приметно је колико је властитих искустава пренесено у њих. Одломак *Стара девојка* настао је 1879/81, када је Лазаревић био окружни лекар. Фрагменти посмртно објављених прича, настали су на основу искустава која је писац стекао као лекар обилазећи села по београдском округу, то су непосредна опажања зрелог човека са терена."[117] Поједине реченице или детаљи који делују занемарљиви и небитни, познаваоцу Лазаревићеве лекарске праксе одмах ће бити препознатљиви. И они ће бити само још један доказ о преплитању пишчевог живота и дела. Доказ о присутности аутобиографских елемената у Лазаревићевој прози налазимо и у одломку *Секција*: „Беше то кратко саслушање зашто нису довели децу на калемљење богиња, и решење којим се казне с по десет динара." Од 1839. у Србији се спроводила обавезна вакцинација против великих богиња, и годишње је било вакцинисано преко 100.000 деце и регрута, који су такође били обавезни да се вакцинишу. Са циљем да се започне сопствена производња тих вакцина,

---

[117] Кашанин, Милан: „Светлост у приповетци (Лаза Лазаревић)", *Судбине и људи*, Београд, 1968.

Краљевина Србија је упутила Лазу Лазаревића у Беч да научи поступак прављење анималне лимфе, коју је Србија увозила плаћајући велике своте[118]: „Бабо ће ти испричати зашто идем у Беч, јер сам ја њему писао, па да не бих све сад понављао додаћу само то да ми је министар јуче писао да одем тамо и да проучим калемљење богиња на теладима. За тај пут добићу путни трошак и по 25 динара дневно дијурне. А када се ако бог да вратим, гледаћемо да ту отворимо завод за калемљење на тај начин."[119] По повратку из Беча, већ месец дана касније, 18. августа 1884. године подноси извештај министру унутрашњих дела, под називом *Извештај изасланика за штудирање како се производи и негује анимална лимфа на теладима*: „Према наредби г. министра од 24. пр. м. ЦН. 4275 ја сам био у заводу Др. Хајнриха у Бечу, и научио сам како се производи и негује анимална лимфа на теладима... Кад се уз то дода да из веште руке учињено калемљење износи у успеху 100%, да се њиме увек обилује лимфом, те се лекар не доводи у тесно да позове више деце него што ће му стићи маје, да се школе, заводи и војске од по муке, поуздано и систематски калеме и покалеме (ревакцинишу), онда се калемљење под морање показује у сасвим другој светлости и много јачем праву."[120]

Зграда Опште болнице, данас Историјски институт у Шапцу

У приповеткама налазимо још један очигледан аутобиографски елемент:

„Боље, хвала Богу! – рече болесник. – Баш осећам кад ме господин помоћник удари на ону телеграфску машину да ми вади ватру, а да ми раде нерви!" (*Ветар*)

---

[118] Преузето са сајта > www.zjzs.org.yu/page.php?id=20
[119] Писмо мајци, Рохич, 21.VII 1884.
[120] Недић, В. и Живојиновић, Б.: „Лаза К. Лазаревић"; Лазаревић, Лаза: *Целокупна дела, Медицински радови*, Београд, 1986.

Та *телеграфска машина* је апарат који је Лазаревић користио, између осталог, 28. јуна 1886. при лечењу случаја периодичне неуралгије супраорбиталис (тј. надочног живца). Лазаревић је у лечењу овог пацијента прибегао покушају са константним апаратом, којим је пуштао константе струје на пет минута. Апликовавши му константну струју с анодом иза, а са катодом поврх места где излази тај нерв, утицао је на сам нерв и бол код тог пацијента је сместа престао:

„Случај о коме ће овде бити реч, мислим да је интересантан од више руку: 1.) по типу, 2.) по интензитету, 3.) по екстензитету, 4.) по дуготрајности и упорности, 5.) по попуштању под константном електричном струјом... Једва довевши болесника до собе, у којој је константан апарат, држећи га испод мишака, с легеном пред устима, апликовао сам му слабу константну струју, с анодом иза врата, а катодом поврх места где излази нерв, супаорбиталис... Бол је сместа престао... Потом сам пустио струју још 5 минута и, искрено говорећи, просто од страха да се напад не би некако повратио, наредио сам да се струја под ноћ још једном апликује, такође само на 5 минута. Напад је био тотално пресечен, и није више ни исподмукла долазио. Б. тврди да се никада досад није тако лако осећао, ни сутра дан по нападу, а камо ли после неколико минута! Струја је апликована за време целог његовог бављења у болници сваки дан два пут по пет минута, на истом месту и у истој јачини (како на нашем апарату нема другог мерила за јачину струје, то сам се ја задовољавао најмањим бројем елемената (10–15 Сименс-Халскових, одавна напуњених) [...]"[121]

Приметан је још један пример који повезује Лазаревића писца и Лазаревића лекара:

„Стресао сам прашину са мојих чашица, флашица, микроскопа, лампица. Својим жабама мењам уредно сваки дан воду, и питоме зечеве храни момак сваки дан у мом присуству." (*Швабица*)

Међу првим предметима Лазаревић је заволео хемију, и кроз хемијску лабораторију ушао је у огледно лекарство. У лабораторији професора О. Либрајха Лазаревић је проучавао како жива делује на зечеве када им се убризга испод коже. Уочљиво је да је за прототип лика апотекара из *Први пут с оцем на јутрење*, Олбректа, Лазаревић узео поменутог професора Либрајха.

---

[121] Недић, В. и Живојиновић, Б.: „Лаза К. Лазаревић"; Лазаревић, Лаза: *Целокупна дела, Медицински радови*, Београд, 1986.

Лазаревић се у својој лекарској пракси 15. маја 1882. сусрео са болесником „са дрхтавом узетошћу".[122] Стар 42 године, пацијент је пре седамнаест година, одспавао у подруму два сата и када се пробудио дрхтао је целим телом. Дрхтавицу није пратио осећај хладноће, нити какав бол. Уједно је почео да муца до неразумљивости. Две године је то трајало док болесник није дошао у Брестовачку бању у којој се, поред изричне лекарске забране, искраде ноћу кришом, скочи у воду и, осећајући како га „пијавице чупкају по снази", остане у купатилу до јутра и осване здрав. Болест му се поновила после годину дана када је путовао по снегу и ветру, али лекари нису могли да нађу нити узрок нити лека његовој болести. Лазаревић је његову повест прочитао пред лекарима, и одштампао у Српском архиву 1887. године, а у својим списима написао: „Неверица је, па ипак је тешко не веровати овако озбиљном болеснику, да је се он, после две године трајања болести, потпуно излечио у Брестовачкој бањи."[123] Међутим, Лазаревић ће касније одустати од овог уверења када се код сестре јави друга болест у којој морални утицај није довољан, или када види болесног побратима на постељи. Младу веру у човеков ум и снагу, у душевну снагу, замениће потреба за научним познавањем ствари.

С развојем науке у 19. веку медицини и биологији придавао се велики значај у књижевности. Антон Чехов је рекао да медицина проширује писцу поље посматрања и отклања бројне грешке. Реалистичка књижевност држала се непосредног посматрања и тежила је да опише или рашчлани животну стварност, или боље речено, људску слику природе и друштва. Она се примењује у знатној мери и на Лазу Лазаревића, писца и лекара. Лазаревић је прошао претходно кроз виши течај научног реализма, бавећи се огледним лекарством и његово се књижевно посматрање развијало упоредо с лекарским посматрањем. Као доказ наведеним речима могу се из приповедака издвојити многи примери, за које би писац који није лекар засигурно користио другачије изразе: „Лице му се избечи, а усне му почеше дрхтати"; „Јанко, пак, кад угледа ту женску, пребледе и претрну. Срце му залупа и у грлу га стаде голицати, па онда давити." *(Ветар)*; „она тешко дише", „осетих да сав горим", „мени помрче свест", „она уђе тромо", „била је сва бледа", „свест ме остави" *(Швабица)*.

[122, 123] Недић, В. и Живојиновић, Б.: „Лаза К. Лазаревић"; Лазаревић, Лаза: *Целокупна дела, Медицински радови*, Београд, 1986.

Та посматрања помажу да се осветли општи нацрт животног дела Лазаревића. Он је био тумач и учесник свих људских невоља, телесних и духовних. У својим нарацијама описује и рашчлањава душевна стања и промене обичних људи са села и из паланке. Све је то радио поступком који није био одомаћен у српској реалистичкој прози: његови ликови не делују само под узрочно-последичном пресијом спољашњих догађаја, већ и по диктату унутрашњих побуда, нагона, осећања: поред спољашњег изгледа ми видимо и њихову душу, њихов карактер, поједине фазе у њиховом развитку.

Лекарска сведоџба др Лазе Лазаревића
Београд, 1886.

Иако је неурологија била Лазаревићево поље рада, а не психологија, он је тим душевним променама, потресима и поремећајима прилазио као психолог, те је психологија, која је у Лазаревићево време била мешавина литературе и морала, била посредник између лекара и писца. „Зато је Лазаревић један од првих српских приповедача који је обратио пажњу на унутрашњи свет личности и на ту психолошку анализу. Код Милована Глишића и Јанка Веселиновића психолошке анализе у неком дубљем смислу те речи готово и нема. Код Јакова Игњатовића она је сведена на најмању могућу меру. Сремац се ограничава на опис спољашњих манифестација унутрашњих ломова, и то више као хуморист него као психолог. А Лазаревића баш психологија интересује. Он управо највише слика преломе у човеку, онај тренутак кад после претрпљеног пораза у човеку настаје морални преображај: слика Митра кад оборене главе признаје свој пораз и са сузама у очима тражи подршку и утеху, Аноку (*На бунару*) у тренутку сазнања да је највећа срећа у послушности, а једина права слобода у покорности, Мару (*Школска икона*) кад се враћа као покајница и сва у сузама тражи од оца опроштај. Те преломе и преокрете Лазаревић даје занимљиво са завидном вештином и са одличним познавањем психологије. Сликајући понеки пут, као код Митра и Аноке, само спољашња изражавања унутрашњих немира, он изврсно дочарава сву величину и јачину унутрашњих потреса и целокупну драму која се у личностима збива, док је у *Швабици* Миша Маричић предмет прилично прецизне и савесне психолошке анализе."[124] Љубомир Недић је нагласио да је Лазаревићев књижевни рад психолошко дело, у коме иза психолога стоји моралиста. А Милош Ђорић окарактерисао га је као психолога и моралисту, а иза њих стоји лекар који као психолог сарађује са писцем. Као лекар психолог, Лазаревић се занимао и за проблеме привидне импотенције, као и за моћ аутосугестије. У својим проучавањима, махом посматрајући пацијенте, развој и побољшање њихових болест, закључио је да аутосугестија може да има великог утицаја на оздрављење. Веровао је да је у оздрављењу битна и душевна снага. Да се пацијент може морално и аутосугестивно лечити, и то је чинио у случају своје сестре: „Међутим, ти треба да си куражна. Твоје отимање и душевна сила, биће такође уз време најбољи лекар."[125] Налазећи се километрима и километрима од ње, није имао других могућности но да је лечи речима. Зато су писма која јој је писао пуна речи охрабрења, пуна говора о надмоћи духовног над телесним, о снази људског ума и човечијој снази. То своје уверење

---

[124] Протић, Предраг: „Предговор приповеткама"; Лазаревић, Лаза: *Приповетке*, Београд, 2001.

[125] Писмо сестри из Берлина 1. V 1873.

Лазаревић је често преносио и на литерарно подручје и моралним рецептима лечио социјалне потресе:

„А Ђока нам и сам већ узе причати о неком свом својаку: како је био на самрти, како су га доктори већ оставили, како су му палили свећу, а доктори саветовали да се остави 'на природу', и, напослетку, како је тај његов рођак са својом природом победио и болест и докторе." *(Ветар)*

Лазаревић је проучавао и хистеричне појаве и остварио извесне анализе хистеричних појава. Користећи се научним подацима, он је све те појаве са лекарских књига и записа пренео и у свој књижевни рад. Примере налазимо у *Вертеру, Ветру, На бунару...* – свуда где су јунаци толико спутани и укљештени емоцијама да њихово разумно делање престаје да постоји и нека другачија сила влада над њима. Они скоро нису свесни свога понашања, нити могу да утичу на то понашање:

„Њему се поче вртети у глави. С почетка чу како му срце бије испод леве сисе, и од тога као да се нешто уплаши. Па онда се уједанпут стаде смејати, безразложно, сулудо, – ни не зна зашто, ни крошто! После опет, удари у плач, – ни то не зна зашто! Само што му се и кроз смех и кроз плач у нејасној слици показује Анока, и тако га чудно чупа за срце, да му се чини сад ће умрети."
(На бунару)

У приповеци *Вертер*, при Маријиној ноћној посети Јанку, у којој се посредством Јанкове укочености и једва савладане безгласности одаје његова хистерична природа:

„[...] не мрдну ни прстом, ни оком не трену и на једвите јаде прошапута: – волим те. Али, му тада помрача свест и он више не виде, како она остави његову собу."

У Лазаревићевим лекарским забелешкама један пример у многоме подсећа на овај цитат из приповетке, који говори о недостатку воље, о потпуној немоћи:

„Болесница је лежала. Она је чула шум и удар на врата. 'Нешто' је ушло и приближило се њеној постељи. Она га је осетила и није могла да се покрене. Оно се пењало уз њено тело као рука до врата. Спопао је ужасан страх. Била је сасвим будна. Али, није могла да виче ни да се дигне, била је као опчињена."

У то време много се полемисало о појму хистерије, која значи „просту ирационалну аутосугестију која продире у области које су испод власти воље и ту је оно што ствара промене које нормално *ја* не може да створи". Полна безвољност и хистерична аутосугестија нарочито се примећују и утврђују у приповеци *Ветар* у двема посетама слепом старцу у болници. Лазаревић је знао да подсвесна сећања хистеричари изражавају у лаком и вештачком сну и зато се и Јанко у сну досетио одакле му је познат слепи старац. Јанко је, тек што је склопио очи, оживео успомену, али не толико на самог Ђорђа, колико на пожар (сећање често код хистерика), на очеву смрт и Ђорђеву помоћ у невољи. Јанкове посете Ђорђу откривају читав низ хистеричних поремећаја покрета и осетљивости. Он је видео слепог старца и страхом пореметио свој вид и њему се привиђа како се Ђорђе рве са неким. Хистерична природа брзо и снажно подлеже сугестији, она је изванредно аутосугестивна. Колико је аутосугестивна и поремећена показује друга посета Ђорђу, крај кога је његова кћер. Јанку се одједном одузме ход и промени изглед просторије:

„Соба је била окречена... не! осветљена... не! озарена неком фосфорном, љубичастом, неким... ја не знам ни сам каквом светлошћу." (*Ветар*)

Ови видни поремећаји данас се тумаче полним нередом или стидом полне слабости, и психоаналитичари истичу како полни немир преиначи вид и видне слике. У Лазаревићево време видне промене код хистеричара кретале су се од дисхроматотопсије (поремећај виђења боја) до хистеричне слепоће. Код Јанка се јавља најпростија промена видног поља уз одузети ход. У овим примерима уметник је изразио оно што је лекар видео и знао.

Иако је био врстан лекар, Лазаревић никада није себе сматрао стручнијим од својих колега. Био је скроман и никада се није истицао и разметао својом стручношћу пред пацијентима или другим лекарима. Многе је болеснике лечио бесплатно. И онима којима је требало наплаћивати Лазаревић често није узимао новац. („Сваки сиромашни болесник добијаће лекарски савет и настављење бесплатно, а сви остали болесници плаћаће по један динар." – правилник о раду амбулаторије објављен у *Српским новинама* 6. марта 1880.)[126] Многима је лекове које им је преписивао сам куповао. Притом, није марио за похвале и славу. Није трпео јавне изјаве захвалности: пацијенте који би му захвалницу показали изгрдио би и оглас поцепао, а од редакција листова захтевао да такве огласе о њему не објављују, макар им он сам платио колико вреде.

---

[126] Протић, Михаило Ф., и Павловић, Будимир Б.: „Од варошке амбулаторије до станице за хитну медицинску помоћ", у: *Хитна помоћ: Један век у Београду, 1904–2004*.

Бројни су примери у приповеткама у којима се преплићу Лазаревић писац и Лазаревић лекар:

„Начинио сам таблице за пулс и температуру. Трипут идем на дан њојзи у собу, на доручак, ручак и вечеру. Увек ми је термометар под пазухом. Како се вратим у своју собу, прочитам топлоту на термометру и одбројим пулс, па забележим. Грозница је сасвим попустила, не бој се ништа." *(Швабица)*

„У болнице идем опет уредно, и опет се професори обраћају на ме када треба начинити каку потежу дијагнозу."

„Одмах у 8 сахата идем у болницу... Гледао сам сваког болесника. Препирао сам се с једним о курари. После сам купио Хермáнову Физиологију да је учим за испит. Дошао у 2 кући. Отишао у 3 опет на клинику."

„Госпођице овај је прст мој болесник (њега је била опарила кључалом водом. Ја сам јој, пошто је прснуо мехур, мазао раствором сребрног нитрата) ја имам право да га у свако доба прихватим и да видим како му је."

„Хтео сам да вас молим јутрос да нам подвежете мензуру"; „болесницима одредим извесно доба дана када сам код куће"; „маже колена петролеумом"...

Понекад се може наићи и на стручне термине: „јабучице му поли циркумскриптно руменило", plantago lanceolata – латински стручни назив за боквицу, или прострација – исцрпелост, изнемоглост. Није писац, већ је лекар унео у приповетке појмове као што су оподелдок (маст против костобоље), курара (јак биљни отров који се употребљава код тетануса), визикатор (мелем у облику шипке, начињен од такозваних шпанских буба, терпентина, жутог воска, смоле, употребљава се као лек против реуматизма, рана) и др. Као доказ наведеним речима могу се из приповедака издвојити многи примери, за које би писац, који није лекар, засигурно користио другачије изразе:

„Лице му се избечи, а усне му почеше дрхтати"; „Јанко, пак, кад угледа ту женску, пребледе и претрну. Срце му залупа и у грлу га стаде голицати, па онда давити." *(Ветар)*

„Она тешко дише", „осетих да сав горим", „мени помрче свест", „она уђе тромо", „била је сва бледа", „свест ме остави"... *(Швабица)*

Лазаревић се као лекар старао о свом болесном побратиму Милану Радовановићу, који је био тешко болестан. Остало је у Лазаревићевим записима осећање туге, скамењености, зачуђености када је ушао у собу у којој Милан лежаше на крвавој постељи са крвавом марамом на руци: „Кад ја уђох, он се гнушао од радости, миловао ме љубио, шта није чинио, а ја стајах као скамењен од туге и чуда да се онака грађа тако поруши, да не сме ни уста отворити." Проживевши сам тај осећај, Лазаревић је тачно знао како да опише Јанкове осећаје при уласку у болесничку собу *(Ветар)*: „Сви су пажљиво гледали у Јоцу [...] Још ми се учинило да су га с поштовањем и поверењем пратили од кревета до кревета [...] Па добро! Па шта је то, врага, што ми је тако страшно насело на груди? А ипак ми је, и опет ми је тешко! [...] Ајаох! Страшне слике! [...] Ја сам с неком тугом и плашњом гледао избелела лица и њихове изразе."[127]

Милан Радовановић
„*Од људи који ми нису, што но веле, ни род ни помози бог, имам цигло два права пријатеља, на која се у свако доба могу ослонити и поуздати. Али ви то већ знате; ја сам вам се тако често хвалио мојим побратимом Костом [Христићем] и Миланом [Радовановићем].*"[128]

---

[127] Писмо мајци из Берлина 6. X 1873.
[128] Писмо мајци из Берлина 6. X 1873.

Коста Христић
„Драги Коста... Ех оца му, да ми је само још један пут
да се онако добро, ђачки излудирамо!"[129]

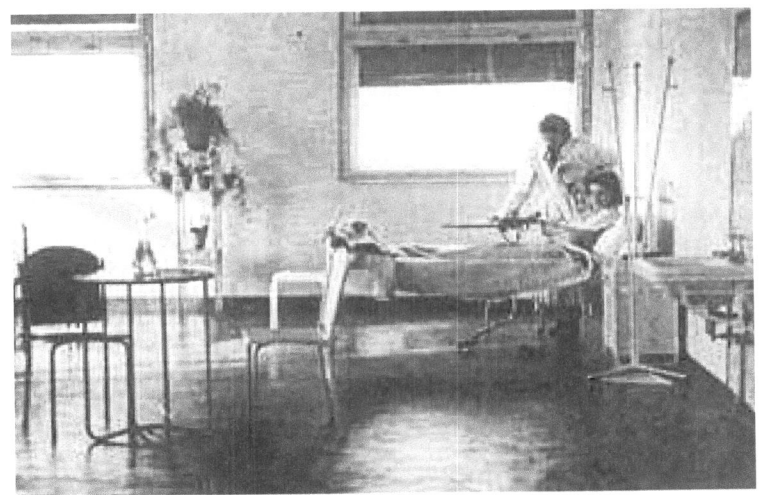

Општинска болница у Београду, где је радио Лазаревић

---

[129] Писмо Кости Христићу из Београда 21. IX 1890.

16. Невербални акт

> *Ох, боже, ти који си свемогући; ти који си васкрсао Лазара, и који си чак од воде начинио вино! Ти! Ти! Ти ми одреши језик!*
>
> Ветар

„Лекар који је одрастао у патријархалној средини, најбоље зна колико патријархална подређеност неке личности утиче на сужавање појединих подручја њене говорне активности и умањује могућност за налажење саговорника. Знао је и колико је велика моћ изговорене речи и колико је туга мања када се са неким подели. И зато је Лазаревић нашао идеалан начин на који ће нам саопштити шта се дешава унутар самих ликова, пошто се о многим стварима у патријархалној средини није говорило."[130] Девојке и младићи, заправо, нису смели пред старијима ни да прозборе о својој љубави. То су чинили преко старијих чланова породице, који су једини имали овлашћење да одлучују о свему: „Ја ћу вечерас говорити баби, а бабо ће баби, а баба ће већ с ђедом наредити ствар како треба", каже снаха Арсену у приповеци *На бунару*. Станија, сеоска девојка у приповеци *У добри час хајдуци* заклања уста шаком када говори са непознатим човеком, окреће главу у страну и слеже раменима. Њено учешће у дијалогу сведено је углавном на слушање и потврђивање саговорникових речи. Казивање јој је спутано стидом и нелагодношћу који потичу од патријархалног васпитања. Стога су личности

---

[130] Николић, Милија: *Форме приповедања у уметничкој прози Лазе Лазаревића*, Београд, 1973.

патријархалне средине обично затворене, вербално неактивне, поготово у присуству непознатих. С обзиром да је Лазаревић највише и сликао патријархалну породицу и то психичке особине њених чланова, био му је потребан прави начин на који ће подстаћи своје јунаке да се отворе и причају о себи, својим осећањима. Зато улогу наратора није могао доделити придошлици или пролазнику, јер би се личности пред њим повлачиле и још више у себе затварале. „Као и у животу у Лазаревићевим приповеткама све важније људске драме, конфликти и интиме имају интровертан смер; личности их таје а породица затвара у свој круг. Да би дошао до тако скривених и интимних породичних драма и присуствовао њиховом испољавању, писац оспособљава своје нараторе да успешно савлађују одбрамбено понашање патријархалне породице и да продиру у психологију личности. Познато је гостопримство, али и затвореност и резервисаност патријархане заједнице према страним и непознатим особама. Да би избегао одбојност и затвореност патријархалне породице пред напознатим наратором, Лазаревић већином узима за приповедача неког његовог члана или сродника. Овај не само што присуствује породичним и личним конфликтима, већ у њима и сам учествује. Такав је случај у приповеци *Први пут с оцем на јутрење*, где Миша 'одаје' породичну тајну, у *Школској икони*, где наратор приповеда о догађају који је узбудио патријархално село, и у приповеткама *Ветар*, *Он зна све*, наратор, брат, подстакао је Илинку да пред њим слободно говори, што одваја Илинку од других женских ликова у Лазаревићевом делу, јер је она вербално врло активна па као таква даје највише обавештења и података о Вучку и њиховим породичним односима. Она је, иначе, захваљујући наратору сроднику постала изузетак у нашој реалистичној приповеци по томе што као патријархална жена слободно и с устима пуним хвале прича о свом мужу."[131] То се коси са патријархалним кодексима и зато је Стојан зачуђено констатовао за Илинку „ово је нека јунак девојка", а одмах потом је назвао и „чудна девојка", само зато што је мимо очекивања свих присутних, на попово питање, има ли благу вољу да пође за Стојана, гласно одговорила: – *Имам* – чиме је изненадила све присутне који су очекивали да ће, како већ доликује, она постиђено и смерно прошаптати свој одговор. Иста затвореност огледа се и у приповеци *На бунару*, јер „породична невоља моралне природе, ма колико била велика, трпи се, таји и не прелази у кућни праг. Она се

---

[131] Николић, Милија: *Форме приповедања у уметничкој прози Лазе Лазаревића*, Београд, 1973.

никако не сме одати 'пред туђинцима' јер је брука још веће зло",[132] а у *Први пут с оцем на јутрење* „Плаче неких пута да свисне. А никоме да се појада". Колико је та затвореност у себе изједала појединца изнутра, Лазаревић је одлично знао, јер му је лекарска пракса знатно допринела да осети и упозна моћ вербалног растерећења као психолошког одбрамбеног средства. Како о јунацима у многим ситуацијама више казују изражајни покрети, гестови, а ћутање говори више од речи, Лазаревића је изразито појачао моћ речи удруживши је са ћутањем. Ћутањем се само још више нагомилавају осећања, потискује се све још дубље:

„Покуњи се мати па ћути. Ћути племенита душа. Гуши се. Ни суза нема више. Оне теку кроз прси, падају на срце и камене се." *(Први пут с оцем на јутрење)*; „И Анока ћути, али стегла руком своју рођену бутину, и нокти упадају у месо." *(На бунару)*; „Ћути она сирота као заливена. Стегла срце, копни из дана у дан, а све се моли Богу: 'Боже, ти мене немој оставити'; „Она стегла срце, ћути као камен." *(Први пут с оцем на јутрење)*; „Женскадија не сме ниједно ништа да прослови. Мужевима се гдешто и потуже, али Радојци и ђеди ко сме шта поменути?" *(На бунару)*

Све се таложи и полако се гради вулкан неизговорених речи. Вулкан који ће вечито остати затворен и никада неће доћи до ерупције. Јер Лазаревићеви јунаци знају да би ерупција донела олакшање, али би за собом оставила много веће последице, направила много више разора, који би се заувек укоренио у њиховој заједници и повратка не би било. Зато се они, покорни средини, одлучују да своје туге и боли држе далеко од очију јавности, јер та јавност је немилосрдна и врло брзо би око њиховог врата ставила још већу и јачу омчу, коју би носили до краја живота: „То је мојој мајци по века укинуло. Плаче неких пута да свисне. А никоме да се појада." *(Први пут с оцем на јутрење)*

Част и морал се тешко и годинама граде, а руше се у секунди. Углед неке куће, наслеђен од предака, ма колико био на гласу, може срушити један обичан разговор, у којем би пијући кафу две сусетке коментарисале нечије понашање, осуђивале некога што је узео непримерену жену или оговарале нечију кућу, у којој се, на пример, жена *равноправно са мушкарцем влада*. А тога никада није било,

---

[132] Николић, Милија: *Форме приповедања у уметничкој прози Лазе Лазаревића*, Београд, 1973.

и по њиховом мишљењу никад неће, нити може, бити. И зато се нико није усуђивао да буде предмет таквих разговора и ћутањем би се повлачио и затварао своју тугу негде дубоко у пределима своје душе. Јер у заједници није било места за појединачне боли, нити би ко за то марио. Ма колико да је било тешко снајама у кући Ђенадића због Анокиног понашања, оне нису смеле да се потуже: "Дуго су трпеле и криле своју невољу"; "И тешко би се жене и опет одважиле да кажу, да Радојка све то већ изодавно и не слуша и не гледа." *(На бунару)*. Многим Лазаревићевим јунацима било би много лакше да су отворено могли да причају о својим осећањима, затраже помоћ, савет, изјадају се, исплачу. И онима који су, донекле успели у томе, то је донело олакшање и спас. У приповеци *Први пут с оцем на јутрење* у Митру су се нагомилале неизречене речи и осећања, стварајући велико психичко оптерећење. Зато на крају, када је излетела читава бујица речи, са собом је повела гомилу суза које су испрале све што је тајио у себи. Искрен и отворен дијалог са Марицом однео је све што га је оптерећивало, а чега не би ни било да су раније разговарали. Благоје казанција у *Све ће то народ позлатити* све време разговара са својим саговорником, али стиче се утисак да њега не занима шта саговорник прича, да му није битно шта му он има рећи. Он прича и прича само да не би ћутао. Јер ако заћути препустиће се мислима, а оне су биле црне, пуне трагичне слутње: "Није он, иначе, био баш ни врло разговоран човек, и вечерашње његово управо нападање на свакога кога сретне беше само очајнички покушај да разагна чаму." Потпуно иста сцена се понавља и у *Стојану и Илинци*: "Обе бабе биле су узнемирене, водиле су искидане и усиљене разговоре." Слично је и у *Вертеру*:

"Он упорно тражаше предмет за разговор али га не нађе […] Ма шта! Ма шта! – мишљаше Јанко, – само да се говори." И Јанкова судбина у *Ветру*, би била другачија да је имао снаге да каже све што осећа. Он је у већини ситуација блокиран, и говор му је спутан. Тачније, у свим ситуацијама када јунаком преовлађују емоције и када је емотивно узбуђен, његов говор је спутан и отежан, као на пример у *Швабици*: "У мени се кухаше. Ја не одговорих ништа Максу, чини ми се не бих могао проговорити, јер би ме реч удавила. Морао бих викати да би и полиција дошла." Саставши се по први пут са осећањем велике љубави јунаци немају правих речи да то изразе, и покушавајући да нађу те загубљене речи делују неспретни као дечаци:

„– Илинка, – рече он – ви знате да сам ја наумио... Ви... да ли ви?[...] Овде... мишљаше он говорити али му језик беше тежак као олово."

„Љубиш ли ме? Не то, него има ли... симпатија... ах, то је смешно... има ли..." *(Стојан и Илинка)*

„Ви ваљда мислите то што, ваљда, он, онај... онако... знате... да... дакако!" *(Секција)*

„Ја треба да знаш... мени... мени ништа не би било тешко да сам морао умрети!... Ја сам знао... па знао сам дабогме!... Точи!..."; „Е, сад сам и то скинуо с врата – одслужио сам у војсци. Па сад... онај... да тебе... онај... у име бога удам, па и сам да се женим... Ја [...] ви'ш... ти знаш... ја њега мрзим, и... и... онај... то!" *(Он зна све)*

Као лекар Лазаревић је стално био у контакту са људима, везивао се за њих, саосећао са њима, радовао се њиховој срећи, слушао их и туговао због њихових боли. А како је међу пацијентима било толико различитих људи, различитих карактера, занимања, образовања, тако су и његови јунаци толико различити. Свако је својствен на свој начин, а једино што им је заједничко је велика емотивност. „Будући да је и сам био велики емотивац, Лазаревић је своје јунаке осликао као људе који се не либе да пусте сузу, побледе, искажу своју тугу. Понекад би писац то прикрио хумором, нпр: у *Швабици* разбија сентименталност на непосредан начин: 'Све ћу испричати. Поделићу у глави. Даћу свакој мото. Развићу сву своју музу. Тим ће бити смешније.' Хумором и ироничношћу он сентименталност сасвим не отклони, али је ублажи."[133] Све то донекле прикрива емотивност, али је у потпуности никако не искључује. Лазаревић је волео малог човека, који се кроз живот бори само снагом свога духа и радом својих руку. Нарочито је био осетљив према сиромашним и несрећним душама, јер је прошао њихов пут и био у њиховој кожи. По речима Владимира Јовичића, постојало је „у његовој психи отворено жариште страха од самоће"[134] и зато је у људима тражио ослонац и подршку. Језичко-стилска структура његових дела потврђује ове речи. „Пишчев етички поглед на друштво у коме су људи упућени да се ослањају један на другога, да буду пријатељи, да се траже и воле, Лазаревић је скривено, али снажно приказао и кроз своје реченице. У његовим текстовима пуно је супротних реченица и контраста, али је у њима знатно

---

[133] Кашанин, Милан: „Светлост у приповеци (Лаза Лазаревић)", *Судбине и људи*, Београд, 1968.

[134] Јовичић, Владимир: *Лаза Лазаревић*, Београд, 1966.

више саставних реченица, које понекад као да једна другој хитају у загрљај. У недовршеној приповеци *Побратими*, пошто су се Јанко и Јоца случајно посвађали, они чезну један за другим и једва чекају да се састану и измире. Лазаревић то дочарава реченицама које су на почецима пасуса, а почињу саставним везником *И*: *И* Јоца као обично прими руку *и* као обично одговори; *И* онај грдни камен паде са срца *и* откотрља се у мрак; *И* Јоца скочи *и* поче с њим укорак марширати *и* свирати; *И* не чекајући одговор, извади кључ од капије, отвори је *и* пусти напред Јоцу... Везник *и* носи илузију спајања, јер он тражи суседство језичких елемената са обе своје стране, као што човек тражи суседство и близину другог човека. Скоро све Лазаревићеве приповетке засноване на тражењу овог психолошког ослонца који је у многим случајевима, стицајем околности, изгубљен. Неке личности га нађу: Митар и Марица у породици, Анока у ђеди и задружном животу, Вучко у Видаку и домаћинским перспективама, Мара у преданом просветном раду, а неке, упркос грчевитом тражењу, остају без њега да живе претежно као патници. Такви су Благоје и његов син из приповетке *Све ће то народ позлатити*, Благоје је родитељ, отац, он је једино што је још преостало сину инвалиду, он је једини ослонац. И он то хоће да буде, зато га храбри враћа му веру у нешто чега више нема: 'Хвала богу само да си ти жив! Све ће опет добро бити.' Миша Маричић из приповетке *Швабица*, Јанко из *Вертера* и *Ветра*, а вероватно и *Баба Вујка* из истоимене приповетке."[135] Потребу Лазаревићевих јунака за ослонцем и везивањем, макар то биле и животиње, потврђује и следећа реченица из приповетке *Баба Вујка*:

„Онда се све јаче приљубљује својим двема другарицама: кучету и крави, и чини јој се да већ без њих не би могла живети. И доиста не би."

---

[135] Николић, Милија: *Форме приповедања у уметничкој прози Лазе Лазаревића*, Београд, 1973.

Најважније људско право – је право на вид

Сер Џон Вилсон

За очи се у народу каже да су излог – огледало људске душе. У њима се препознају радост или туга, оне одају укупно човеково расположење. Није онда чудно да су их опевали многи песници и композитори до данашњих дана. Очи су пре свега један од најважнијих органа, без чије помоћи и нема нормалног живота: „На што ми, брате, и руке кад очију немам?" потврђује Јанко из *Ветра*. То је Лазаревић знао, не само као књижевник, већ првенствено као лекар. Извршавао је операције очних живаца, код два болесника скинуо је лако и спретно четири катаракте без расецања и повратио им вид. Зато није случајно што се очи толико пута помињу у његовим приповеткама, чак преко 150 пута. И то двадесет осам пута у *Швабици*, двадесет три пута у *Први пут с оцем не јутрење*, двадесет осам пута у *Ветру*, чак четрдесет два пута у *Школској икони*, шеснаест пута у *На бунару*…:

„Па ако се и с чим може упоредити свет, то је с очима, а ако се и с чим могу очи упоредити, то је опет са светом. Па још када тај свет стоји преда мном, па су те очи моје, па кад их – нема ни једног ни другог!" *(Ветар)*

„Тужан је увод у одмор баба-Вујке. Док је дан док очи гледају, душа се разилази по околини, њу не може да притисне ни радост ни туга, очи су јој вентили сигурности. Чим се препуни у грудима, очи прхну на другу страну и кроз њих се проспе бар један део душевног варива. Али када наступи мрак, па кад се и очи затворе не стога што имају потребе и умора, него што је то тако ред, – онда се разбукти чист унутрашњи живот, срце заигра као одуларен коњ."

„Лисица само дође ноћу под легало, укекети очима, а кокошка сама са седала туп, па пред лисицу.

– Може и човек!

– Шта? – упита Илинка.

– Може да укекети очима, па да му женско само падне у... – она хтеде рећи уста, али се заустави : – у... у... па тако да му се преда." *(Стојан и Илинка)*

У Лазаревићевом делу очи одају карактер, по очима се види да ли је нека особа добра или не: „Зар не видите да су они све прочитали у оку Живанову?" *(Секција)*; „Видак му пиљи у очи, он завирује свакој жени у очи. Загледа се сваком у очи у жељи да препозна Србина." *(У туђем свету)*; „за таке се очи ишло на муке, за њих се лила крв, губила част" *(Вертер)*. Управо очи карактеришу негативне јунаке: „а све се смеши, оним малим као јед зеленим очима, да те некакав страх ухвати као од совуљаге" (Пера Зелембаћ у *Први пут с оцем на јутрење)*; „а велике смеђе очи дoпола затворене, жмире и увек гледају на страну" (учитељ *у Школској икони)*.

Лаза Лазаревић као лекар у Београду око 1880.

17. Надрилекарство

Завиј прст, прођи селом, па ћеш видети колико има лекара!

Милан Јовановић Батут

Чим је почео свој лекарски рад, Лазаревић је изнео своје прве утиске и опаске из наше средине у чланку *Обмањивање публике лажним лековима*, који је објављен 10. октобра 1879. године на првој страни *Српских новина*. У том чланку је први у Србији писао против обмањивања народа чудотворним лековима и богојављенским водицама, „лековима против смрти". Јер у свакодневном животу и здравственој заштити крајем деветнаестог века није било јасних граница између медицинске праксе и надрилекарства. Било је то „право поље за варање", како је то Лаза Лазаревић изрекао у свом есеју поводом чланка Ж. Ж. Русоа, који је опомињао народ на опасности сваке врсте којима их излаже људска несмотреност. „Овај трактат, међутим, остао је тада готово незапажен, а тек двадесет пет година после његовог објављивања, Српско лекарско друштво је 1903. године својим писмом министру унутрашњих дела затражило да се стане на пут оглашавању појединих лекова који нису никакви лекови."[136] Разлог за писање тог трактата био је оглас који је крајем деветнаестог века преплавио српске новине и остала места предвиђена за оглашавање, а односио се на крему „равизанта", која „лепоту и младоличност лица усавршава у најпотпунијем смислу, и као нешкодљива заслужује сва-

---

[136] Вуковић, Жарко: *Српско лекарско друштво 1872–2002: Историографија здравствене заштите: Прилози за историју*, Београд, 2002.

ку препоруку". Она је прави производ доктора Лејоса из Париза, „она има лепих својстава да кожу на лицу чисти од пега, жутих флека, скида црнило, или какве му драго друге пљотине, а чини лице румено-белим и очува њежно и свјеже лице до најдубље старости."[137] „Ја, за кратко време своје лекарске праксе, био сам чешће питан за 'ревисанту' и остале трачарије, него за какву озбиљну ствар", сведочи Лазаревић у свом чланку. Међутим, борба српских лекара са предрасудама стара је колико и српска медицина, о чему сведочи и један пример који наводи Жарко Вуковић: „Санитетски пуковник доктор Михајло Марковић је после завршених студија медицине у Бечу затражио од тадашњег министра унутрашњих дела да му омогући усавршавање у хирургији, јер тада у Србији није било ниједног хирурга. Добио је следећи одговор: 'Какво одлажење у Беч, какво специјално изучавање хирургије? Ми и међу нашим сељацима имамо довољно хирурга који умеју да наместе угануте зглобове, да лече преломе костију и ране... Да видите само нашег жандара каква чуда он чини. Ниједан му бечки професор није раван!'"[138] Исто потврђује и Милан Јовановић Батут: „Који у Београду и по Србији не зна за покојну баба-Станију која је с онаком срећом намештала старе и нове луксације (ишчашења) зглавака, која је онако добро знала наместити, сваку сломљену кост. Њене су заслуге тако велике, да се српска влада онога доба постарала да не пропадне њено знање, па јој је дала неколико способних ђака."[139] С обзиром да су они били саставни део Лазаревићеве свакидашњице, а и самог су га у детињству лечиле које какве видарке („И настави да се баће са бабама – видарама које су и њему, када га заболи гуша, везивале око врата расечену жабу посуту нишадором"[140]), разумљиво је што се толико пута спомињу и у његовим приповеткама:

> „Дозваше и лекара који нареди да се дете трља снегом и да се метне у хладну собу; али кад се он удаљи, публика усвоји баба-Јецин предлог: да се дете трља сирћетом у коме је истучен бели лук, и да се залаже комовом ракијом. Ко ће га знати шта је боље од овога двога, тек после једно по дана трљања и неколико кашика ракије дете поче дисати и отвори очи." *(Вучко)*; „[...] тргне боквицу из земље, па завирује прстић који је још као дете порезала и који јој је Иконија боквицом превијала." *(Швабица)*; „Нама-

---

[137] Павковић, Васа: *Доктор Батут против надрилекара*, Београд, 2006.
[138] Вуковић, Жарко: *Српско лекарско друштво: 1872–2002: Историографија здравствене заштите: Прилози за историју*, Београд, 2002.
[139] Павковић, Васа: *Доктор Батут против надрилекара*, Београд, 2006.
[140] Државни архив у Шапцу, ПО 127.

засмо му уљем изгорело место на леђима, поквасисмо кошуљу оцтом, па му је навукосмо и положисмо га у кревет." *(Школска икона)*; „Причали су ми да му је тада ишла пена и крв на уста [...] После три месеца доби од неке глуве бабе на Дорћолу 2–3 зрнца. Одједанпут их узео и напад добио тек после 10–15 дана." *(Одломци и белешке* бр. 7)[141]

У Лазаревићевим приповеткама и одломцима много пута надрилекари знају боље од лекара, или људи више верују надрилекарству и старим бапским рецептима („вашем колеги који, уосталом, није чинио изузетка од осталих лекара: није ништа знао" – *Швабица*). То сведочи и сам Лазаревић у једном писму сестри: „Да су којом срећом наши лекари – лекари, а не бербери, то бих ја само накривио капу и певао. Познајући наше лекаре, смем рећи да су ти они сви (разумем у Шапцу) пуке незналице. Научили неколико рецепата и то ти је све. Кад би вредило, шта је др Гробер једном причао Ђоки телеграфисти и кад бих ти објаснио ствар, ти би се само пљеснула рукама и запитала се: па зар ми тима поверавамо наше здравље и наш живот. [...] Ако те лечи доктор П. јави ми, па ћу му ја писати с моје стране. Онда ће и он мало боље отворити књиге и биће свесрднији."[142] У истом писму саветује сестру да не верује надрилекарима: „Само немој да се поверавaш бабама. Буди уверена да се не може сисати знање из прста, а баба ниједна не зна и нема другог пута." Невероватан је запис да је и сам књаз Милош Обреновић више веровао надрилекарима. Батут је забележио да се књаз при епидемији куге 1837. године прво обратио којекаквим бабама за помоћ и лек. Једна баба из околине Пожаревца рече да поуздано зна „средство за одбрану од куге". По њеним инструкцијама књаз нареди да се девет голих баба ноћу, без свеће, украј ватре тајно опреду и изаткају кошуље. Кроз ту кошуљу провукао се најпре сам књаз, да не добије кугу, те и сви чланови његове породице, па онда сва његова књажевска свита и сви војници пожаревачког гарнизона. Када је и сам књаз веровао, разумљиво је што су и сељаци више веровали бабама, које су већ сто пута излечиле сто људи, и знале лек за апсолутно све болести и бољке: „У варошима зову одмах лекара код свију напрасних болести, које својом бурношћу застраше околину; или кад ко сломи какву кост, кад шикне крв из какве ране, или када бабица призна да се њено знање исцрпло и да при некој породиљи настају докторске ствари. Код свих осталих болести, а нарочито унутрашњих, све ће се најпре покушати, сва бајања и сви на-

---

[141] Лазаревић, Лаза: „Одломци и белешке", *Сабрана дела II*, Београд, 1956.
[142] Писмо сестри из Берлина 1. V 1873.

родни лекови биће испробани, па тек када се увиди да вајде нема, тек онда трчи, зови лекара."[143] У таквим околностима често су се, како наводи Павковић у књизи *Доктор Батут против надрилекара*, лекари са дипломама издавали за надрилекаре и сакривали своје право звање, јер су на тај начин зарађивали много више новца. Није био редак случај да лекар не зна шта да ради у неком случају, те се повуче, и остави болесника на милост и немилост природи, такве случајеве проналазимо и у приповеци *Ветар*:

„Он потрча и бабама и лекарима. Лекар у нашој варошици диже руке, али му тада казаше људи да му се то само навлачи бело на око."; „Лекар му рече да може бити још боље, да је, напослетку, божја воља, али он се нада од бављења у 'припoди' код брата."; „А Ђока нам и сам већ узе причати о неком свом својаку: како је био на самрти, како су га доктори већ оставили, како су му палили свећу, а доктори саветовали да се остави 'на природу', и, напослетку, како је тај његов рођак са својом природом победио и болест и докторе." *(Ветар)*

Милан Јовановић Батут је записао: „Дешава се да су болеснику дозвали доктора, и да болесник узима лекове врло савесно, али ето данас су биле прија Наста са тетка Савком и читавим чопором беспослених тетака, стрина, кумица. Дошле су да поседе, обиђу болесника, донеле су му понуде, па је прија Синча испричала, како је кум њене јетрве имао баш ту исту болест, те се спомогао пуним лонцем расола. У Београду известан слој жена друго и не ради, иде на бабине, на даћу, и кад се ко разболи. Па ако болесник после народног лека, на пример расола, ипак умре: е, то је Божја воља, ко се може борити с Богом... Али ако је после докторовог лека наступила смрт, онда је лекар крив."[144] Поред наведеног, Батут је забележио и низ сличних догађаја. Некима је сам присуствовао, а неке је чуо од својих пацијената, који су се након испробавања свих могућих народних лекова на крају обраћали њему за помоћ. Многи од њих су имали трагични завршетак. Ево једне од прича: „У једном селу на зеленом Руднику разболе се неком сељаку двоје деце од гушобоље. И како то у Србији бива, одвајкада, прво позову бабе, измењају неколико нана и надрилекара. На крају један надрилекар, неки Јован Рашић, даде оцу детињем сок од корења кукурека и чемерике. Да деца пију и на врат да им се привија. Несрећни родитељи изврше надрилекареву наредбу. Тужно ми је и да забележим шта се десило, али морам! Пошто испију

[143, 144] Павковић, Васа: *Доктор Батут против надрилекара*, Београд, 2006.

по шољу тог 'лека' обоје деце се са душом раставише. Тад позваше лекара...!"[145]

Милан Јовановић Батут, фотографија из Историјског архива САНУ

---

[145] Павковић, Васа: *Доктор Батут против надрилекара*, Београд, 2006.

18. Лазаревић није прећутао оно што је мислио о свом добу и савременицима

Он је један од старих људи!
Он је јунак и верује у бога!

Ветар

Некада је и сам Лазаревић био присталица нових људи и новог времена. Међутим, када је увидео у коликој мери све то *ново* односи и руши стари поредак, колико сузбија онај патријархални морал, у којем је он видео сигурност и благостање, колико уноси промене међу људе, променио је своје становиште. Свим срцем се залагао за повратак оних старих вредности, које су вековима одржавале дух и морал народа. Зато Лазаревић није нимало оптимистичан у оним приповеткама у којима је на било који начин присутна борба између традиционалног и новог. У вези са свим што прети да наруши хармонију мирног, идиличног живота, Лазаревић је оштар, доследан и критички настројен. Зато су те приповетке пуне ироније и критике, а нарочито се односе на *новог човека*, који својим поступцима и делањем иступа из кодекса патријархалне средине и верује да се напредак и побољшање живљења може постићи једино уколико се држи корак са временом и хрли у будућност. Тај нови човек је главни кривац што нема више искрених, поштених сељака који послују на поверење, што нема више поштовања и уважавања старијих, у свему искуснијих и увек у праву. А ко је у ствари тај нови човек? Јован Скерлић је сматрао да су то ученици Светозара Марковића,[146] а Мирослав Ђорђевић је мислио да

---

[146] Скерлић, Јован: „Лаза К. Лазаревић", *Писци и књиге II*, Београд, 1922.

су то радикали који су изневерили његово учење. Како у време када је Лазаревић писао те разлике између радикала и Марковићевих ученика нису биле толико јасно дефинисане, може се закључити да се под новим човеком сматра присталица Светозара Марковића, био он радикал или не. „Новим човеком бавила су се тројица наших реалиста: Глишић, Лазаревић и Сремац. Однос све тројице према новом човеку је сличан: негативан. Бивши 'црквењак', Глишић, обрачунавао се у *Новом Месији* са својом социјалистичком младошћу на нимало симпатичан начин и са оштрином једног ренегата или бившег верника: нови човек приказан је као малоумник. Сремцу је нови човек свуда на мети и редовно предмет подсмеха: од *Чича Јордана* до прве главе *Зоне Замфирове*, од *Срете учитеља* до *Злог поданика*. Лазаревић новом човеку прилази друкчије. Он нема симпатија ни за њега ни за идеје које он проповеда, али то одсуство симпатија је на једном много вишем интелектуалном нивоу но што је код Глишића и Сремца. То је отпор једног конзервативног професора, а не мржња једног политичког агитатора. Нови човек субјективно није рђав, али објективно има штетну и рђаву улогу. Његове идеје по себи нису непаметне, али су оне непримењиве у нашој средини и покушај њихове примене редовно изазива хаос. Лазаревићев нови човек се појавио у недоба и на погрешном месту. Јер, по старом добром реду, све у своје време и све на своме месту: „Ја сам сасвим делио назоре моје матере: 'све са светом и кад је чему време'." *(Ветар)*[147] Зато су ликови који су носиоци тог новог времена увек узрок нечије пропасти и скоро једини негативни ликови у приповеткама. Они су људи који су се одвојили од друштва, који не делају у складу са неписаним законима заједнице, који ни не желе да буду њен део и да целог живота буду спутани њеним правилима. То су људи који мисле само на себе и своје интересе. Њих не занима шта ће свет рећи, њима је свеједно повређују ли кога, њихов једини интерес је лична корист, и да би до ње дошли не презају ни од чега. *Новог човека* приказао је Лазаревић кроз ликове учитеља у *Школској икони* и Пере Зелембаћа у *Први пут с оцем на јутрење* и истакао је све њихове негативне особине, како њих самих тако и њихов негативан утицај на заједницу: учитељ је главни кривац за Марин преображај у самовољну девојку, док је Митар под утицајем Пере Зелембаћа доспео до моралне и материјалне пропасти. Тај однос старог и новог времена може се потврдити примерима:

---

[147] Протић, Предраг: „Предговор"; Лазаревић, Лаза: *Приповетке*, Београд, 2001.

„Та зар нису, тако рећи, тек од јуче престала деца љубити старије људе у руку, па ма то био и Ђукан дроњар?" *(Вучко)*
„*Он је један од с т а р и х љ у д и! Он је јунак и верује у бога!*" *(Ветар)*
„– Ти ваљда, најпре старијим даш да једу?
– Ја!
– Па ти после?
– Ја!
– А виш у нас у вароши и женска чељад једу с нама заједно." *(Стојан и Илинка)*

Током целог живота Лазаревић се трудио да дела по оним законима и правилима које је стекао у детињству. Кодекси патријархата били су дубоко усађени у његовој личности и његови стални пратиоци, било да је у Берлину, Београду или свом родном Шапцу. Он је имао усађену не само бригу о другим људима, искреност и поштовање, већ пре свега поштење, част, достојанственост и моралну чврстину. Те особине су Лазаревићу биле најбитније и никада није делао у супротностима са њима. Зато је те особине уткао и у своје јунаке. Они су махом поштени, праведни људи. Чак и они ликови који су својим преступима изашли из њихових оквира на крају бивају у њих враћени. У приповеци *Школска икона* аутобиографски елементи нису само везани за свет у каквом је одрастао, већ управо за част и поштење за које је сматрао да су најважније карактерне особине. Сведочанство ових карактерних особина је и писмо које је двадесетједногодишњи студент из Берлина писао својој сестри:

„Ништа нећу штедети осим части, јер ти знаш да нам је она надасве најдража [...] Ја сам поштен и тражим само поштене људе."[148]

Исто сведочи и писмо написано годину дана касније:

„Људи су погодни а поврх свега поштени; а то је, као што знаш, прво, па готово и све што тражим од човека."

Зато се толико пута у приповеткама помињу част и поштење:

„Ми смо поштени људи. Не седимо на друму да дочекујемо богате путнике, враћамо што узајмимо на облигацију, – поштени смо!"

---

[148] Писмо сестри из Берлина 23. VIII 1872.

„Он осећаше да би имао нешто да каже, много да јој говори, али му се чињаше да су му уста оловом заливена, и да поврх свега стоји страшан печат на коме су слова: част, породица...“

„Мило ми је што је у целој овој историји била моја част ангажована. Ја сам је очувао, и достојан сам да будем твој побратим.“ *(Швабица)*

„Или, ваљда, треба га извинити што га је љубав обрвала? Па онда нам није нико крив, али остајемо без части и поноса!“*(Вертер)*

„Зар може ишта бити лепо што је бешчасно?“*(Вертер)*

Част и достојанственост Лазе Лазаревића никада нису укаљани, нити је он икада одступио од њих. Када га је његов зет Милорад Поповић Шапчанин оптужио да у Берлину троши новац на „ствари непотребне, а од куће иште за потребне“, он се „разболео од љутине“ и увређен се зарекао да му се не би „више потужио, па ма црко од глади“. Ни сам краљ није био вредан тога да Лазаревић погази своју част. Он је одбио да као члан владине лекарске комисије изврши обдукцију над лешевима Илке Марковић (удовице пуковника Јеврема Марковића, радикалског посланика и брата Светозара Марковића, стрељаног 1878. године по изричитом наређењу кнеза Милана) и Јелене-Лене Книћанин, које су нађене обешене у затвору у коме су биле затворене због атентата на краља Милана.

„Кецељу за обдукцију нашао Трифун на тавану, па је сад облачи кад тимари коње.“ *(Швабица)*

Од њега се тражило да стави свој потпис на извештај који би саставила владина комисија и у којем би се оне оптужиле за овај злочин. Исто тако, поштење га је коштало губљења стипендије за студирање у Паризу, јер није желео да се покори одлуци председника владе. Ту част и поштење пренео је и на своје ликове. Зато Лазаревићеви јунаци, мада не знају за писане законе, имају образа, поштени су и честити. Они не знају за менице и „један другом дају стотине дуката у четири ока“ *(Он зна све)*. Те своје ставове Лазаревић је ставио и у *Школску икону*, приповетку која има много више аутобиографских елемената него што то на први поглед изгледа. У лик попа Лазаревић је уткао многе своје особине. Кроз њега је приказао сву лепоту старог света, сву нежност, племенитост, поверење и љубав, не само према најближима, већ и према целој заједници. Кроз ову приповетку још једном провејава жал за старим временима и истиче се значај традиције за васпитање и карактер људи. Школа је представник новог времена, а црква старог. Али оне овде нису супротстављене и у сукобу. Лазаревић истиче значај и једне и друге институције и указује на важност образовања, које није ни значило ни носило рушење свих дотадашњих вредности. На почетку приповетке писац каже да је школа уживала много мањи значај него што би требало:

> „Поп је био све и свја. Имали смо и школу, али је она била потчињена значаја, као што је ћата у судници. Она је служила цркви и селу, дакле попу."

Ипак, поп на самрти оставља аманет владици и својим сељацима не да подигну још једну цркву, што би више било за очекивати, већ да саграде школу. Кроз те речи Лазаревић истиче значај науке и школе, али не школе у којој би се учили новим наукама, већ у којој би се деца образовала у духу староставног, светосавског српства и православља. То би била школа у којој би учили како да чувају и бране те вредности од нових и од нове науке, која се заснива на сасвим супротним принципима. Поп ово ставља у аманет, јер у том новом, другачијем времену није више довољна једна проповед, једна молитва, па да се човек подсети и врати правим моралним вредностима. Црква губи свој значај, губи своју снагу и више се не може супротставити налетима новог времена и науци. Зато поп жели да се образују нове генерације које ће успети да „ударе на науку" успешније него што је он могао и имао снаге, јер само ће образовањем моћи да се супротставе тој немани која разара старе сеоске обичаје и руши дух колективизма. Није случајно што Лазаревић попу даје да говори о школи и науци да би их предао потомству у аманет. Како поп у једној заједници, нарочито у патријархалној и побожној, игра велику улогу, исто као отац у породици, тако је и попов аманет највећа дужност свих верника. Тим аманетом поп жели да заштити стара схватања и патријархални начин живота, и одржи дух старих времена, који под налетом „новог времена и нових људи" утеловљених у лику учитеља почиње јењавати. Попов аманет није једини који се јавља у приповеци. И попадија на самрти оставља аманет баба Иконији да се брине о Мари, и она ће га схватити и прихватити веома озбиљно:

> „У тај пар отворише се врата од куће, и Иконија, сва умазана од суза, изнесе дете на рукама.
> — Ја, — вели — не дам детета од себе, ако ћете ме сву исјећи. Мене је покојна заклела да га чувам и пазим." *(Школска икона)*

Исто тако је на самрти отац Лазе Лазаревића њему у аманет оставио доживотну бригу о породици, у жељи да је задржи и одржи управо на тим истим начелима и да спречи њено разарање, што би неминовно наступило с тим истим *новим временом*, које је пропагирало другачије вредности и циљеве породице. Доказ за то је и писмо упућено његовој сестри у којој открива своју тајну. „Ти не знаш", писао је двадесетједногодишњи студент из Берлина, „за оне дуге разговоре моје са њиме, пред његовом вечерњом молитвом, када вас је он мени остављао. И гроба ми његовога, ја не знам и нећу да знам ни за кога више, осим за вас."[149] Отац је свој аманет изрекао сину управо за време молитве. Очев аманет, највећа дужност за сваког Србина, одредио је његов грађански позив и усмереност у животу. Све што је од тада радио и делао било је само у правцу испуњења очеве задње жеље. О приповеци пише и Милорад Најдановић: „Приповетка је написана у првом лицу као излагање једног човека за кога на крају сазнајемо да је однекуд 'сељак и господин'. Тај *сељак и господин* је сам Лаза Лазаревић, који кроз ликове попа и учитеља исказује своје мишљење и свој став према новом времену и напредним идејама. Држећи се у стваралачком поступку метода црно-бело, Лазаревић је за носиоца себи мрских уверења узео у сваком погледу несимпатичну, безличну личност учитеља, а за носиоца себи драгих уверења у сваком погледу симпатичну попову личност. И супростављајући их једног другом залагао се за свог јунака и за оно што је поп у животу представљао. А учитељ је један од оних 'нових људи' нашег напредног покрета седамдесетих година који су 'одлазили у народ' да шире једно прихватљиво и примамљиво учење о животу и друштву, од којег се уосталом Србија баш у време када је приповетка настајала била заталасала као никад од устанака дотле [...] Епизода са учитељем означује уједно и пишчев обрачун са самим собом, са напредним гресима своје младости, као што значи и обрачун са Марковићевим, односно радикалским покретом онога времена. Иако је писац за време свог школовања у Београду кратко време сарађивао са покретом Светозара Марковића, он је ипак остао туђ и њима и њиховим идејама, неповерљив и сумњичав према свему новом. Зато ниједна приповетка, осим *Све ће то народ позлатити*, тематски не захвата савремену стварност, и појаве које су настале као последица привредних и друштвених промена у Србији седамдесетих година 19. века."[150]

И приче о катанама, које се спомињу у Школској икони, појединости су узете из непосредног живота: у Лазаревићевој и Шапчаниновој породици чувала се успомена да је Шапчанинова приповетка,

---

[149] Писмо сестри из Берлина 23.VIII 1872.
[150] Најдановић, Милорад: *Српски реализам у XIX веку*, Београд, 1962.

Катанска буна[151], једним делом настала по казивању Лазаревићеве мајке Јелке, која је усмено преносила успомену на Катанску буну (извео је почетком октобра 1844. у Шапцу обреновићевац Стојан Јовановић Цукић, а после неколико дана војнички је сломио прота Матеја Ненадовић и суровим казнама угушио Тома Вучић-Перишић). Можда је мајка често причала о катанама јер је и Лазаревићев отац донекле имао удела у буни. Наиме, када је Тома Вучић-Перишић после угушене побуне упао у Шабац и почео убијати противнике режима, Кузман Лазаревић, уживајући Вучићево поверење, спасавао је Шапчане од смрти, међу њима и своје непријатеље. У причи коју је Лазаревићева мајка причала, лик јунака Мила у многоме подсећа на Лазаревићевог оца, не само по атмосфери у његовом дому и радњи, већ и по спасавању и заузимању за своје суграђане код Вучића.[152]

---

[151] Шапчанин, Милорад П.: *Приповетке*, Београд, 1876.
[152] Ковачевић, Божидар: *Лаза К. Лазаревић*, 1956.

19. Лазаревић као моралиста

> *Нас су плашили Лазом Лазаревићем. Нама су га представљали као неког црног арханђела-судију, који са закоником патријархалног морала и са бичем одмазде у рукама, гневан, иде светом Србије и тражи преступнике и грешнике да их казни.*
>
> Радомир Константиновић

Неретко су Лазаревићеву моралност, коју је истицао у свом књижевном раду, схватали превише озбиљно. О томе сведоче наведене речи Радомира Константиновића. Поједини критичари су тврдили да су му дела пуна плитког морализаторства и да често завршеци личе на класична наравоученија. Љубомир Недић каже да се Лазаревић не задовољава моралом који проистиче из саме приче, већ га и сам на крају изводи и да понекад делује готово мелодрамски.[153] Јаша Продановић сматра да је он у исто време и моралиста и уметник, и да је његов морал патријархалан и конзервативан.[154] Скерлић је писао да је моралиста победио реалисту и да је у име моралних начела понекад изневеравао уметничку истину.[155]

Лазаревићу није био циљ да га карактеришу као морализатора, нити да се представља као црни арханђел – судија који тражи грешнике да их казни. Он је сликао судбине, карактере и душе, њихова стања и унутрашња преживљавања. Истицао је оно што је добро и

---

[153] Недић, Љубомир: „Лаза К. Лазаревић", *Критичке студије Д-ра Љубомира Недића*, Београд, 1910.

[154] Продановић, Јаша: *Приповетке Лазе К. Лазаревића*, Београд, 1932.

[155] Скерлић, Јован: „Лаза Лазаревић", *Књижевне студије*, Београд, 1934.

часно у људима и указивао на људске вредности, на оно што људе чини људима и одваја их од звери. Он је указивао на различита понашања људи и приказивао последице таквог делања. Лаза Лазаревић се током живота водио и носио морално и часно и зато су његовом руком тако вођени и сви његови јунаци. И то наглашавање моралности је у основи још један аутобиографски елемент, јер је Лазаревић то научио од своје мајке. У приповеци *Ветар* то се јасно наглашава, јер свака прича коју му је мати причала „се увек морала свршити 'моралом' који она уосталом не интерпретише и не гура ми га под нос. Није бар никад рекла нашто налик на 'ова басна учи', али је зато ипак волела да снажнија места истакне и понавља. […] Она као врстан, поштен, одушевљен адвокат, дигнутим, звонким гласом и испруженим кажипрстом понавља тежину, 'морал' приповетке"; „Своје је причање зачињавала својом филозофијом о животу, образу, о срећи, о суду и тако даље, а све се то опет завршавало једним великим богом." *(Ветар)*. Зато и завршеци неких његових приповедака делују као само причање његове мајке: Учитељ у *Школској икони* отишао је у Београд, оженио се „некаквом што прави шешире", сада се раставља са женом, „јер га она тужи да је бије и злостављаш. Неће он, сељаче, никад среће имати!" А Пера Зелембаћ, онај што је Митра „ојадио на картама", завршио је, тако нас извештава приповедач, у неком затвору у Београду разбијајући камење.

20. Лазаревићев оптимизам

*Све оно што се дешава најбоље је што се може
дешавати и овај свет је најбољи од свих светова.*

Кандид

Лазаревићево истицање моралности многе је наводило да га карактеришу као оптимисту, јер оно што је добро и морално увек побеђује. Мало је јунака који завршавају кажњени, који нису нашли прави пут или нису успели да нађу начина да окају своје грехе. Једино Пера Зелембаћ и учитељ из *Школске иконе*, остављени су као пример и показатељ како се не треба владати. Скерлић је из тога извукао закључак да је Лазаревић превелики оптимиста и то му је у великој мери замерио, рекавши да није прави реалиста. И доиста све приповетке се завршавају на најбољи и најисправнији начин: Миша Маричић раскида своју везу са *Швабицом*, Јанко се отргао од љубави према удатој жени *(Вертер)*, Јанко из *Ветра* остаје крај мајке и гледа како његова љубав одлази, отац у *Први пут с оцем на јутрење* иако на самом рубу пропасти, успева да све превазиђе и увиди нови почетак, Митар и Марица се мире, Анока је увидела своје грешке, мења се и постаје део заједнице, у *Школској икони* Мара се враћа оцу, клечи и моли за опроштај, и брижни отац јој, наравно, све прашта. У свим приповеткама породица прима у окриље, враћа снагу и јачину. Грешници се враћају на прави пут, и сви су на крају срећни. То што су крајеви скоро свих приповедака оптимистични огледало је самог писца. Да би истрајао у свим животним искушењима, да би поднео хладни Берлин, толико удаљен од куће, да би иако слабог здравља ипак успео да заврши студије, да би се толико дуго бринуо о својој породици, много више него о самом себи, да би имао толико љубави и стрпљења за многобројне пацијенте, Лазаревић је морао у животу многе ствари да посматра са лепше стране и да лепоту проналази у свим стварима које је нису имале. Морао је свим срцем веровати у победу добра над злим: „Не подаји се" – саветује он сестри у писму – „то није достојно човека ни жене, а најмање матере".[156] Он као лекар није смео себи дозвољавати ни трунку песимизма. По речима Јована Скерлића, једина приповетка у којој Лазаревић није нимало оптимиста је *Швабица*: „Писац се ту не придржава оне филозофије доктора Панглоса из Кандида: *да је све оно што се дешава најбоље што се може дешавати и да је овај свет најбољи од свих светова.*" Супротно томе ова приповетка приповеда сам живот, реалан, онакав какав заиста јесте, без намештања и улепшавања, живот који није ни чист ни срећан. Филозофију доктора Панглоса заменио је, наводи Скерлић, Шопенхауер својим горким речима: „Живот је вечити лов у коме се бића, час као ловљена час као ловци, крве око комада дивљачи који се псима бацају; рат свију против свакога; историја природног бола који се своди у ово: хтети без побуде, увек страдати, увек се борити, затим умрети. И тако даље, у векове векова, док се наше планете не сљушти у најситније комаде."[157] Међутим, није само *Швабица* прожета песимизмом, јер све се приповетке могу посматрати и са друге стране. Људска психа је много сложенија и не задовољава се тако лако. Остаће заувек прекривено велом тајне како се осећао Јанко из *Вертера* или *Ветра* што је остао сам, што његова љубав није заживела. Да ли ће наћи поново некога због кога ће му срце поново толико заиграти? Да ли се може поново вратити у детињство да би заволео и целог живота волео неку другу девојку, јер ову не сме? Да ли се може два пута срести жена због које он каже: „Јер наравно, нико пре и нико после њега није могао љубити, 'овако љубити' [...] Ако би га она пољубила, он би... шта би он урадио?... Он би казао хвала, хвала... Не! Не би ништа казао... умро би, да, умро би, – то је најлепше!" Да ли ће размажена Анокина природа моћи целог живота да се покорава другима или ће брзо увидети да њена срећа није у кући Ђенадића? Да ли ће Мара бити сретна на месту школске учитељице, да ли се удала, да ли је преболела учитеља? Да ли су сузе покајања можда плач над својом будућом судбином? Да ли је Миша Маричић срећан, да ли је љубав његове породице довољна да надомести љубав

---

[156] Писмо Марку и Евици из Берлина 1. V 1873.
[157] Јован Скерлић: „Лаза К. Лазаревић", *Писци и књиге II*, Београд, 1922.

према Швабици, да ли ће икада опростити себи што је упропастио живот једном дивном створењу? Да ли ће Митар, када изгради све што је прококао, сести поново за зелени сто са неким другим Пером Зелембаћем, да ли ће бар пожелети? Да ли ће заиста бити добар и брижан супруг и отац, да ли је његова природа уопште створена за то? На сва ова питања тешко је дати одговор, али за многа он се може наслутити. Да ли ће бити срећни или не, чини се сасвим је неважно. Важно је да су они поново чланови заједнице, да су се покорили тој заједници и повиновали духу заједнице као јединог места на коме могу бити заштићени. И остаће вечито обавијени њеним велом и закључани у њеним одајама. Делаће у складу са жељама већине, живеће у складу са том већином. И вероватно, после једне научене лекције, неће следећи пут допустити свом срцу толико слободе да само бира себи пут, да само изабере кога ће волети. Како то мора бити, а у складу са породицом, то ће уместо њих одлучити и изабрати неко старији, паметнији. А где је ту срећа? Нема је, нити ће је икада бити. Њихова судбина биће одређена и непромењива, баш као и судбина Благојевог сина, који ће доживотно остати инвалид. На неки начин такви ће бити и многи Лазаревићеви јунаци, јер њихова срца можда ће заувек остати на штакама или у инвалидским колицима. И где је ту оптимизам, који Скерлић толико напада?

„Од тог доба прекину се бавити љубавним предметима и кад год би ко почео говорити о томе, он би доказивао да су то саме 'швапске бљувотине' *(Вертер)*

Будући да је и сам остао без љубави, Лазаревић је и својим јунацима ускратио љубав. Делили су исту судбину, упознали су љубав, волели и били вољени, али нису остарили уз вољену особу. Уз неку жену можда и јесу остарили (Лазаревић уз Полексију), али питање је да ли је то била она права. Заједно са својим јунацима, писац се и сам утешио речима које је написао у приповеци *Вучко*:

„Кажу да је љубав навика. Да човек заволи створа, човека, предмет уопште, мислећи, навикавајући се на њега."

И ако такве речи изговара баш Вучко, једини јунак који је, и поред свега послушао глас свог срца, који је одбацио све кодексе и појурио за својим животом, који се одважно одлучио да води живот какав он жели и никоме није дозволио да га у томе спречи, онда те речи добијају тежину и сведоче да, ма како живео, животом који желиш, или животом који је наметнут, све је ипак, несрећно, пролазно и бесмислено. Милош Савковић сматра да је Лазаревић далеко од оптимисте, јер су сви његови јунаци несрећни. Сматра да су му неки ауторитети књижевно-историјских класификација на силу натурили оптимизам и додаје да су врло лако могли и да му дају епитет песимисте, да су само мало боље обратили пажњу на његову тугу.[158]

---

[158] Савковић, Милош: „Лаза Лазаревић", *Огледи*, Београд, 1952.

21. Смрт Лазе Лазаревића

> *... двадесет деветог дана месеца децембра. Окупали су 'прост костур, који се виђа у природњачким музејима', у води зачињеној вином. И њоме су залили липу у башти...*[159]

Био оптимиста или не, био моралиста или не, Лазаревић је био велики човек, који се упркос болести и исцрпљујућем раду у часу своје смрти осмехнуо. То је било последње што је желео да уради и зато је последњу секунду свог живота улепшао осмехом. Тај осмех је однео са собом, али је и свету оставио велики осмех који провејава свим његовим приповеткама. Оставио нам га је за наук да у свим стварима у животу будемо праведни и морални. „Осмејак на његовом лицу сигурно је хтео рећи: умирем спокојно; нисам никоме ништа дужан, а задужио сам све; нисам никог вређао, а увреде нисам враћао; радио сам да зарадим, али нисам глобио никога; сам сиромах, помагао сам сиротињи; рођен са незнатним именом, створио сам име којим ће се моје потомство и земљаци дичити. – Напослетку, шта може човек више и очекивати."[160] Оставио нам је своја дела да се поводимо за њима, и на њиховим примерима градимо свој став и морал, да научимо да волимо све људе, да видимо само њихову доброту која се крије у сваком човеку и, што је најважније, да волимо своје породице које су једини прави ослонац за све у животу.

---

[159] Ђорић, Милош: *Лаза К. Лазаревић, лекар и писац*, Београд, 1931.
[160] Писмо Љ. Н. Христића Николи Христићу 11. јануара 1891.

Лаза Лазаревић је своје последње лето провео у свом дому, о коме је толико писао. Већ изнемогао од болести, са јастуцима између ногу, да га кости не би жуљале, тешко дише, болан, као спарушено дрво под врелим сунцем, као опуштена липа под којом је седео безброј пута, под којом сад болестан лежи, и тужно вели „да се отрцала као њен газда", коју је *засадио* и у своја дела: „хоћу да ми се простре под липом" *(На бунару)*; „обично бежи под ону липу у брду до које нема ни стазе и где га нико не може сметати" *(Вертер)*.

Својеврстан резиме Лазаревићевог живота, његову личност и последње тренутке описао је у писму Љубомир Христић, обавештавајући свог брата, Косту Христића, да је Лаза Лазаревић преминуо. Ово писмо боље но ишта друго описује овог великог приповедача, и стога га преносимо у целини:

Драги брате,
И тако, јуче предадосмо земљи остатке најбољег рођака, најприснијег пријатеља, најбољег лекара, најславнијег писца и најдостојнијег човека. Никад га више нећеш видети ни веселог при чаши вина, ни брижног крај болесничке послеље, ни умиљатог друштву, нити срдачног у фамилијарном кругу. Све је то прошло за навек! Остала је једна успомена, успомена светла и тужна, али ипак иако се ми данас гушимо од плача, иако се сматрамо за најнесрећније на свету, – ипак ће животињски нагон обладати: ми ћемо се опет смејати и веселити, а он ће се мирно у своме гробу распадати, док једном не дође време да у срцима људи неће бити ни трага од успомене, а на земљи, и у земљи неће више бити ни трага од његовог гроба. Чудимо се Индијанцима што спаљују жене на гробу мужа или што их живе затрпавају са њима. Дојиста је то варварски, али зар није још већи варваризам када човек пролази са најмирнијим срцем и осмејком на устима поред гробова људи које је некад јако волео.

Ми, цивилизовани, ми смо варвари, а не они за које држимо да су такви, јер су они своје законе и обичаје оснивали на благородним осећањима срца, а не као ми, код којих је све основано на егоистичним раступцима мозга!

Тебе ће сигурно интересовати како је наш сиромах Лаза издахнуо, па сам у стању да ти то испричам, јер сам му ја и запалио свећу и видио последњи издах његове душе и последњи израз његовог лица.

Лаза је у кревету, фактички боловао само недељу дана. Донде се све отимао, лешкарио по диванима обучен и све се као отимао од смрти, која му је давно чело главе стајала.

Пре недељу дана наместили су му његов кревет у његовој соби, тамо где му је обично стајао миндерлук. Миндерлук му је био тврд, жуљио га је на сваком месту, па је мислио да ће му у кревету бити боље. Али није диван био тврд, тврде су биле његове кости; оне су га жуљале, јер на њима апсолутно ништа друго није било сем коже. Он није могао метнути колено на колено, но је између њих морао доћи јастук, толико су му сопствене кости сметале. Чим је легао у кревет, почео је рапидно опадати и то не свакога дана но формално сваког тренутка. Долазио сам по неколико пута на дан, тако да ме је увек поражавала та промена на њему. Јео је мало или готово и нимало, а последња три дана није ништа јео. Воду, а каткад и вино пио је помоћу стаклене цеви, јер другачије није могао. Првих дана могао је сам сести у кревету; доцније су му морали помагати, а последњих дана већ нити је могао седети, нити променити положај свога тела.

Међутим, сама болест напредовала је јако, дисао је тако тешко и са таквим напоном да је туга било гледати. Од муке је јаукао. Већином је био у неком полусну; све је нешто рукама пипао и говорио неке бесвесне речи. Међутим, разбирао сам врло често и уопште може се рећи да је био присебан до последњег момента. Његов хумор није га остављао ни у овим тренуцима. На дан пре смрти поручио је Насти да поздрави њеног белотрепог. Уопште, познао би свакога ко би к њему дошао и увек је говорио разложно. Када је Беси долазила, говорио је с њом француски. Глас му се ништа није променио, нити је што изгубио од његове јачине. Овај занос долазио му је много и од морфијума, који је сам себи прописивао и ушприцавао га, не би ли муке уталожио.

29-ог изјутра било му је као обично, чак је можда био и мало ведрији. Око 5 ½ сах. одем поново к њему и учини ми се да дише некако другачијим начином но обично. У соби је била Пола, којој је мало пре тога казао *путоваћемо* у 8 ½ сах. То исто казао је раније и Милки Милорадовој. Ја изађем у трпезарију и рекнем Милки, како ми се његово дисање не допада. Милка ме уверавaше да је исто као и обично и уђе опет к њему, али се убрзо врати плачући, признавајући и сама да је наступила нека промена. Брзо посласмо по Нану. Међутим, Лаза је био при себи, дисао је онако како дише човек када се јако стеже за гушу, али је све погледао на сат, који му стоји на каси, и све је сам себи пипао пулс.

Изјутра тог дана бејаше подигао обе руке увис. Пола му их спусти, а он јој пребаци што пообаљива децу. На питање коју децу, одговори: Кузмана и Владана. Помињао је ових дана и своју мајку, позивајући је да га чека, сад ће и он с њом. Ово је говорио у бунилу. Али да'л је то баш бунило? Да л' немају право заштитници метафизике када тврде да се душе умрлих састају? Ја верујем у бесмртје душе, јер иначе каква је разлика између човека који не верује и између животиње? Ја верујем да је Лазина душа дојиста била у друштву са мајком му, Владаном и Кузманом и да су његова уста изговарала оно што му је душа осећала. Ја верујем да је Лаза био мртав већ у оно доба када смо ми мислили да се с душом бори. Душа му је била слободна, али је тело јоште живило, онако исто као што се нека ствар јоште котрља иако је нико више не гура. То ми зовемо инерцијом, па и овде је инерција. Кад душа уђе у тело, она му да инерцију за живот, кад изађе, она више не функционише у телу, али остаје јошт неко време њена инерција.

Доктори веле да човек живи још неко време и онда кад га ми сматрамо за мртвог, али ја у то не верујем. Зашто он у пошљедним тренуцима да помиње мртве када је пре тога у бунилу помињао само живе?

Ја сам остао код њега до 6 ½ сах; уто дође и Нана. После овога одем на ½ сахата кући са намером да останем целу ноћ, иако сам у дубини душе осећао да ћу остати не код болесника, но код мртваца. Када сам дошао после пола сахата, видио сам да му је јошт горе. Више се нисам ни одмицао од његове постеље и изашао сам у другу собу, само да објавим да Лазе више нема.

Око 8 сах. доведоше децу да га пољубе у руку. Није имао моћи да им каже, али бих по очима рекао да их је познао. После тога остасмо у соби. Нана рече да му припалим свећу, што и учиних, наместив је чело главе. Поче и ропац. Нисам никада видео да човек умире, али сам осетио да је то он. Некако чудновато осећање пуно тајанствености. Осећам са̂м и страх и жалост; срце ми је јако куцало, језа ме је свог обузела, нешто ме је вукло да побегнем из собе безобзирце, а нешто ме је опет приковало на месту љубопитство да видим последњи процес божје воље над човеком и жеља да до последњег момента видим у животу човека кога сам тако јако волео, преовладала је. У соби се сем његовог ропцем испрекиданог тешког дисања, није чуло више ништа.

Одједном се чу јак удар у земљу. То би Пола, која као свећа паде на патос. Лаза погледа разрогаченим очима и изгледа да га је тај удар мало освестио и продужио муке за ¼ сах. Извукосмо Полу напоље и опет остасмо сами. Лаза је првртао очима. Нана му утури свећу у руку. Он погледа разрогоченим очима, на лицу му се указаше јаки болови, онда погледа још једном, сигурно разумеде у чему је ствар, насмеја се и умре. Заустависмо сказаљку на сахату, – било је 8 ¾ сах. увече.

Дуго ломим главу шта му је значио тај осмејак; да ли је то била вулгарна конвулсија бола, или се у томе осмејку изражавала радост што га остављају муке или радост човека што прелази у бољи свет, или презрење лекара који као да хоће рећи: шта се ви ту заносите: данас ја, сутра ћете ви! А насмејао се тако како је он обично радио кад неко нешто рекне што је смешно и глупо. Као лекар показао се до последњег тренутка: преварио се само за ¼ сах. Рекао је да ће путовати у 8 ½ , а отпутовао је у 8 ¾. Камо лепе среће да је се сасвим преварио. И кад на жељезницу одоцни, човек може поправити погрешку другим влаком па се и опет вратити с пута, али овај пут нема повратка! Осмејак на његовом лицу сигурно је хтео рећи: умирем спокојно; нисам никоме ништа дужан, а задужио сам све; нисам никог вређао, а увреде нисам враћао; радио сам да зарадим, али нисам глобио никога; сам сиромах, помагао сам сиротињи; рођен са незнатним именом, створио сам име којим ће се моје потомство и земљаци дичити. – Напослетку, шта може човек више и очекивати!

Али све ове платонске утехе не вреде ништа! Откако живим, можда нисам пролио толико суза и да ме не уздржава осећање лажног стида, кукао бих из гласа.

Поред све моје туге, осећах и неку злост на њега: зашто се није чувао, гледао и лечио. Он је знао последице ове болести; он је могао њу, ако не излечити а оно бар задржати у брзини.

Та он је сам пребацивао ујка-Јоци што пок. Драгољуб није провео једну зиму у Ници, а сам се није хтео никуда мрднути. Он није био лекар-шарлатан, па кад је веровао у помоћ другима што није веровао у помоћ за себе.

Пошто Лаза издану, опрао сам га и обукосмо га. Ја рекох Савети, да водом са вином којом је купан залије његову липу, за коју је он тужно летос говорио да се отрцала, као и њен газда.

Голог Лазу видети, то је било просто страшно. У лицу се односно још није много променио, али је тело прост костур који се виђа у природњачким музејима.

Кад га обукосмо и наместисмо, приступисмо к решењу питања односно саране. Милорад написа а Владан (кога смо позвали) посла у Државну штампарију да се листе наштампају, што је кроз 1 ¼ сах. било већ готово. Типографски раденици гордећи се Лазом, сами су додали да је био почасни члан типографског удружења иако то у концепту послано да се штампа није ни стојало.

Ја нисам био за то да се Лаза одмах сутрадан сарани. Мени је то изгледало сувише хитати, али ујка Јоца, Владан, Милорад, Др Паја решише што је брже, то је боље. Они нађоше да је фамилија већ тако изнурена да неће издржати. Што се тиче Поле, њу нисмо ни питали: она би тако пристала да га никако и не сарањују, а можда да и њу са њиме саране. Уосталом боље што се похитало. Ако ништа друго избегла се она ноћ кад долазе и звани и незвани, истина са добром намером, али која се после поред вина тако измени, да просто не знаш јесу ли ови људи дошли да чувају покојника, или да виде какво је вино имао у подруму. Овако чували смо га ми, његови најближи рођаци и пријатељи. – Анђелија те ноћи није још ништа знала, али је Милорад осетио неко тумарање и слутио је несрећу тако да су му најпосле казали за несрећу и довели га да пољуби мртву ону исту руку, коју је сат пре тога живу пољубио. Можеш мислити како је било видети Милорада те ноћи, па и сутрадан и њега и Анђелију. Али што су детињске сузе у жалости? Анђелији је главно ко ће да јој купи поклоне за Очеве кад оца нема, али је после брзо решила да јој је мати млада и да се може удати.

Пратња је била сјајна иако је тако убрзо по самрти сарањен, иако је сама сарана била одређена за 2 сата по подне, па многи нису ни знали.

На пратњу су звата само два попа и ђакон, али их је из почасти било 8-9. Певачко друштво није звато, али је великошколско друштво „Обилић" драговољно певало, чак до новог гробља. – Сумњам да је било веће пратње и сумњам да је било иједноч човека који није сузу пустио. Било је ту и сиромаха и богатих, чиновника и трговаца, мушких и женских, странаца и наших; либерали, радикали и напредњаци подједнако су се гомилали да последњу услугу учине. Венаца је било од 15, већина од разних корпорација и удружења. И поједина лица слали су венце, тако један је послао Св. Атанасијевић, други Радмило. Све смо те венце затрпали заједно са Лазом у гроб, а на крстачи му је остао само један са натписом: 'Своме доброг зету – Шураци и Шурњаје'. И не питајући те знам да смо погодили жеље твоје са Лепосавом и Љубице са Мијајлом. Спровод се кренуо поред Владанове куће до Коларца, а затим Цариградском улицом и Теразијама, поред Томанијине куће у Палилулску цркву, где је опело свршено. У Саборну није ношен, јер је Лаза за живота наредио да буде што мање параде и што више скромности. За време опела Пола је пала у несвест, тако да смо је с муком повратили. Пред црквом, изговорио је Владан беседу, која је сваком сузе натерала.

Сумњам да је ико у тај пар плакао за Лазом, – не, свако је плакао за једним идеалом, који се појавио, па се на кратко изгубио. Зацело ако се идеали могу остварити, он је био остварен у Лази, као човеку. Из цркве кренусмо ка последњем пребивалишту Лазином. – Обично спровод се код цркве растура, али овди није било тако. Поред војске и рођака дугачак низ кола пратио је мртвачки сандук, а тркалиште је било препуно пешака, не гледајући на хладноћу и клизавицу. На гробу је беседио Ђурић апотекар од стране Апотекарског удружења. Његова беседа иако је имала специјалан карактер, потресла је исто тако све, као и Владанова. Последњи пољубац гвозденог сандука и плотун из пушака огласише да је све, ама баш све свршено.

Лаза је сахрањен у новом гробљу у купљеној за то гробници. Марко Стојановић понудио је опет своју гробницу, али се та његова пријатељска услуга није могла примити. Лаза је био човек домаћин и, што је рекао Владан у његовој беседи „господин човек". Он је за живота тежио да има сопствену кућу и стекао ју је – право је да и своју гробницу има. Уосталом ни Марко није предлагао желећи да скрати један новчани издатак, он је предлагао из чистог и искреног пријатељства само да олакша породици и пријатељима доступ к гробљу.

На дан саране добивене су многе депеше. Прво је дошла твоја, а затим од Мијајла итд. „Коло Младих Срба" и Чика Стева из Пеше послали су такође своја сажаљења. Синоћ већ после погреба дошле су од краља Милана три депеше: Боби, Поли и мени. У свима краљ Милан изјављује своју жалост за Лазом.

Краљ Александар послао је на пратњу место себе свог I Ађутанта.

Али сви ти знаци искрене жалости не повратише више Лазу. Њега више нема, нити ће га ико на овоме свету видити. Све што је остало, то је једна крстача на Новом Гробљу на којој пише:

'Л. К. Лазаревић'
Лака му црна земља и вечити спомен међу нама!

Твој брат
Љ. Н. Христић

У ОВОЈ КУЋИ ЖИВЕО ЈЕ, РАДИО И УМРО
Dr ЛАЗА К. ЛАЗАРЕВИЋ
ЛЕКАР и КЊИЖЕВНИК
ПЛОЧА ЈЕ ПОСТАВЉЕНА О СТОГОДИШЊИЦИ ЊЕГОВОГ РОЂЕЊА
13·V·1951 ГОД.
СРПСКО ЛЕКАРСКО ДРУШТВО

Спомен плоча на кући Лазе Лазаревића
у Хиландарској бр. 7

Гроб Лазе Лазаревића на Новом гробљу,
парцела 8, гробница 4, ред II

„Тако је то!
Живимо да умиремо, и умиремо да живимо!"[161]

Лаза Лазаревић

---

[161] Из писма Ватрославу Јагићу, Београд, 23. VI 1877.

22. Писма Лазе Лазаревића

Писмо Лазе Лазаревића Стојану Новаковићу из Берлина 11/23. марта 1872.[162]

Љубазни господине!
Може бити да сам заћутао више него што би требало, а дужан сам на сваки начин јавити вам се као човеку који се интересује за ме и још више као пријатељу. Драга је то дужност – задовољство. Али, душе ми, не знам одакле да почнем. Кратак је размак времена од нашег растанка до данас, па ипак је пунији промена него цело моје живовање у Београду. Проћи четири велике вароши, исполина светска, омирисати живот у њима, назрети само скалу по којој се оне рачунају, упоредити их с мојом земљом – а све то тако брзо, да кад се осамим и хоћу о томе да размишљам – видим само нејасне слике, које пролећу као оно телеграфски диреци кад се гледају из вагона. Најзад није ми требало о томе вам говорити – путовали сте и сами. Описивати вароши – и то не би ништа вредило, јер их ви боље познајете од мене, а ионако за тај посао ја треба још мало да се охладим, јер сам још као у бунилу; сам себи не верујем да сам у Берлину; сваки час бих пошао на Камичак или у Палилулу; хтео бих да сретнем каку познату ми личност – и тек онда, рекао бих, текне ме кад се сетим да ме, можебити, неколико година деле од те пријатне, врло пријатне а живе панораме. Да вам једном речи представим моје

---

[162] Лазаревић, Лаза К.: *Изабрана дела*, Београд, 1976.

испреплетане представе – упоредићу их са искиданом паучином. Још се нисам ни толико прибрао да осећам онај „Heimweh", о коме заједно говорисмо тамо. А за све то имам да благодарим или да не благодарим силним познаницима што сам их у путу нашао, и што сам их амо затекао. С њима се водио разговор о стварима којима се сви интересују, а ја не бејах ни часа остављен својим мислима на кућу, земљу, мајку, пријатеље. С познаницима сам нарочито био богат у Прагу, где сам се задржао три дана. За њих имам се особито захвалити г. Мајзнеру. Он ме је препоручио људима особито љубазнима и паметнима. Нека му је велико хвала од моје стране.

Један је само рачун, који ми је сасвим јасан. Сетићете се да су то новци. А и како да не буде јасан: колико год пута отворим кесу, видим по једно празно место више, на коме се жутио он – голубчик. Књиге су убестраг скупе: за хемију, анатомију, физику и Робертсона дао сам неких 6–7 дуката, па ипак тек сам тиме отворио кесу. Сад морам (хтео, не хтео) купити цео костур (7–8#), па ножеве, па атласе, па хемијске реагенсе итд. Ну, хвала богу, кад сам ја једном овде. Боље је и мало гладовати него *довека* гладовати. Практикант – брррр! – Разумете ме већ.

Молио бих вас само да питате г. Кујунџића хоће ли примити и *хонорисати* неколико Улових чланака из књиге му „Aus der Natur".

Ја ћу једно два-три превести и послати му као оглед. Ствари су *врло згодне*. Толико ми се ваљада сме веровати. Али их ја не бих никада преводио „из родољубља"; једно што је то ствар богата човека; а друго што немам тако много времена на расположењу. А сваки грош, који бих тиме зарадио, пристао би да не може боље бити.

У књижари где купујем ја може се поштогод и антикварски купити, па, наравно, и продати. Ја сам књижару понудио Шера, купиће га, и данас ћу му га однети. Али хоћу ли узети најновије издање, хоћу ли га преводити одакле, и како? – ваш одговор на то врло ће ме обрадовати, јер то ће бити прва прилика где ћу вам се што-то одужити за онај грдни низ пријатељских савета, помагања итд. чиме сте ме толико обвезали да сам читаво збуњен. Ја ово не говорим као какав учтиви Шваба, из моде. Та ваљда ме познајете.

Шта је, збиља, са Стевином прерадом „Траута"? упали ли?

А, молим вас, питајте Крстића шта је с Фарадејевом Свећом. Је ли прегледана у фонду, је ли примљена итд. У сваком случају, извешће о њој било би ми мило. Има ли кака нова књига? Ал' да, ту је г. Рајичевић компетентан. Него, он мора да се страшно љути на ме, јер се нисам ни опростио с њиме кад сам пошао. Али није моја кривица – тражио сам га. Већ ја ћу њему писати, а ви, молим вас, према овоме посредујте за „примирје" до мога писма. Онда ће се зацело одљутити, јер ћу му ја толико нашарабатити да ће у њему наћи ако не шта друго, а оно бар доказ да нисам из лењости отишао не опростивши се.

С Миланом Радовановићем врло се добро живим; а и према Светозару нисам могао остати хладан, јер је наше пријатељство трајало неколико година, па само једна успомена из њега, и онда се братски стискава рука. Бадава, што рекао мој Коста Христић, ја од свога срца не начиних челик кад је оно мекше од памука.

Милану јуче-прекјуче рекох да ћу вам писати, а он каже да ће и сам, а, међутим, наручи ми да вас поздравим. Примите дакле.

Па сад да вас и ја поздравим с госпођом, Мицом и Козаком. Козака само ударите на гимнастику, да кад дође у Берлин, не изгледа као кепец, к'о што ми сви изгледамо према овим људинама. Овога чуда нисам никад видео. Овде да дође г. Стева с његовим Дојчином, па да види каких овамо Дојчина има. Његов би се Дојчин сав ознојио док би само чизму очистио какоме оклопнику.

Ну можда сте већ пожелели крај. И опет поздрав вама у кући, па мојима, па г. Мајзнеру, г. Рајичевићу итд.

Ваш
искрени пријатељ
Л. К. Лазаревић

Shumanstrasse № 12
3 Tr. rechts

Берлин 11/23 Марта,
1872.

Љубазни господине!

Може бити да сам задоцнио више него што би требало, а думао сам на сваки начин јавити вам се као човеку који се интересује за ме и још више као пријатељу. Дуга је то дужност — задовољство. Али, душе ми, не знам одакле да почнем. Кратак је размак времена од нашег растанка до данас, па ипак је цупицу промена већ цео мој живот у Београду. Проћи четири велике ка торги, исторична светска, а ипак одрицати живот у Нишу, назрети само скалу, по којој се оне рачунају, упоредити их с мојом животом — а све то тако брзо, да код

Кепец, к'о што ли сви изгледамо према овим људинама. Овога чуда нисам никад видео. Овде да дође г. Стева с његовим Дојчином, па да види каких овамо Дојчина има. Његов би се Дојчин сав стопио док би само чизму очистио ка-коме окапанику.

Ну можда сте већ поме-лели крај. И опет поздрав вама у кући, па мојима, па г. Мајзнеру, г. Рајичевићу и т. д.

Ваш

искрени пријатељ

Л.К.Лазаревић

~~[illegible]~~
Chumanstrasse №12
3 Tr. rechts

Београд,
9. септембар 1883.

Пошт. господине!¹⁶³

Са овим писмом доходим вас поздравити и т.д.

Јуче сам примио диплому на чланство, па као велим да узмем одмах и оно главније – књиге. Молим Вас дакле када бисте ви могли одвојити за ме „припадајућу ми суму" књига, па да дођем са момцима, колима, коњима и т.д. где да их „транспортирам"?

Да!

Благодарећи Вам што сте ме досад сачували од туђег дуга у штедионици, молим Вас да данас ипак <u>примите</u> мој потпис за г. М. Богићевића, ако то јест и оног другог жиранта примили будете.

С поздравом и
Ваш Др Л. К. Лазаревић

---

¹⁶³ Необјављено писмо Лазе Лазаревића пронађено је у заоставштини Јована Бошковића (Државни архив Србије), па се претпоставља да је њему упућено, међутим како писмо није имало коверат, тешко је са сигурношћу то и утврдити. „Диплома на чланство", коју Лазаревић помиње, сигурно је диплома Српског ученог друштва, а Јован Бошковић је те године био благајник тог друштва.

Београд 9/9 83.

83/

Поздр[ав] господине!

С овим писмом докодни[?] вас поздравити и т. д.

Јуче сам држимо дијалогу на гласати, да као велим да узмем одмах и оне махније — књиге. Молим Вас дакле као буде Ви можете одвојити за ме „приповијетку ми сумњу" књига, па да држим и с поиндима, копила, копила и т. д. све да их „приспоруџам"?

834/
ЛбК57

Гдине!

Благодарећи Вам што сте ме јуче сачували од грђег друга у "Штедионици", молим Вас да данас опет дринете мој аманет за г. Љуботеху, ако то јесте и оног другог миритна други ни будете.

С поштовањем и одликом
Ваш Д.М.К. Петровић

23. Часописи и листови у којима је Лазаревић објављивао своја дела

ВИЛА – лист за забаву, књижевност и науку. Издавач и уредник био је Стојан Новаковић. Часопис *Вила* излазио је у свескама сваке недеље у Београду, и био је једини српски књижевни лист шездесетих година 19. века. У Народној библиотеци Србије, међу старим часописима и листовима, налазе се и сачувани бројеви Виле.

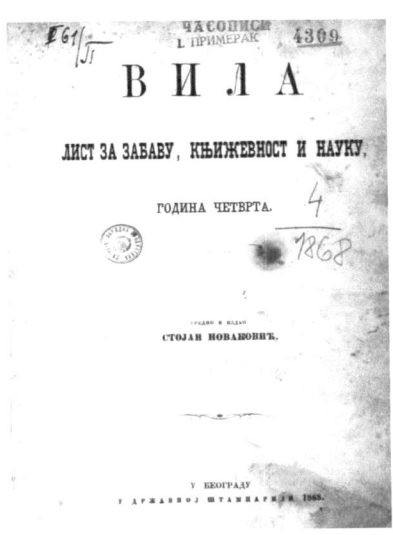

постављане разним стварима, више којих су крстићи и иконе увек висиле да би се дете сачувало од злих духова.

Ради чувања домаћих ситница и драгоцености, прављене су скриње које су наличиле на данашње ормане са фијокицама; сандуке — погрепце, кутије и сандуке од коже које зову „земодани." Посуђе су мећали на полицу, коју су звали „поставци". Те полице или поставци наличиле су на четвероуголни стуб, који је доле широк, па све идући на више ужи и ужи, док на самом врху најужа је лила. Са свију страна ове полице иле су даске направљене, на које је мећано посуђе, и то доле најтеже и веће, па све идући врху мање и финије, док се није свршавала на самом врху шољицама, чашицама итд., под којима су на најнижој полици стајали највећи лонци, бакрачи, тенџере, кастроле итд. Разни женски украси чували су се у тако званим „лалцима" или нашим већим кутијама. Ови су били великолепно упрашени разним најбогатијем украсима као најскупоценијом црвено-рујном бојом, златом, сребром, разним драгим камењем, и окивали су се около рудним драгоценим плочицама. Ови су се лалци чували заједно са драгоценостима у соби, и прелазили су од једног на други појас људски.

(Наставиће се.)

НАРОДНЕ ИГРЕ.

2.
Мијеша проху.

Цијело друштво сједне у круг, на сваки лијевом руком дохвати за крај од махраме, која се мете у сриједу, а десном мијеша по оној махрами као да замијеша нешто и сви вичу: „мијеша, мијеша проху!" Онда онај, који је највјештији томе послу, виче да лети што гођ н. пр. голуб, гуска, или коњ, или јарац итд., па дигне прст десне руке, којом је дотле мијешао, пут главе. Ако је он рекао да лети што гођ што збиља лети, онда сви морају дићи прст, ако рекне да лети н. пр. вепар, не смије ниједно, јер ће дати заклад, који даје и онда ако не дигне кад што гођ лети.

3.
Кадија.

Договоре се њих двојица, тројица, да с једним, који не зна за ову пријевару, изиграју „комендију". Рекну једном из друштва да буде кадија; а њих двојица оду на поље па се ваздан умотају и начине Турци. Један од њих, који је ђоја хајдук, мете на главу какав суд с водом, па га добро омота чалмом, а онај га други води пред кадију' те га тужи: „Свијетли кадијо, ево ми је овај то и то учинио!" А онај што сједи уз кадију, и кои зна за ту пријевару, скочи на онога хајдука: „А бре! што се не поклониш свијетломе кадији?" Хајдук се окрене кадији па му се поклони и сву воду саспе му у крило, те се у друштву начини граја и смијех.

Послао Л. К. Лаз.

ОТАЏБИНА – часопис за књижевност, науку, друштвени живот, излазио је (са прекидима) у Београду месечно од 1875. до 1892. године. Изашле су 32 књиге. Власник и уредник био је Владан Ђорђевић, а за књ. 30–32 Милан Јовановић. У *Отаџбини* су први пут објављивали своје песме Ђура Јакшић, М. П. Шапчанин, Бранко Радичевић, Драгутин и Војислав Илић. Песма Ђуре Јакшића *Отаџбина* узета је као уводни чланак и обележила је правац часописа. У *Отаџбини* су своје приповетке штампали и Сима Матавуљ, Јаков Игњатовић, Јанко Веселиновић, С. М. Љубиша и многи други. У часопису су своје расправе из области друштвених и политичких наука писали Љубомир Стојановић, Владан Ђорђевић, Чедомир Мијатовић, Светислав Вуловић, Богдан Поповић и др. У часопису су објављивани преводи страних дела, као и књижевне белешке, библиографије нових књига, политички, књижевни и позоришни прегледи и сл.

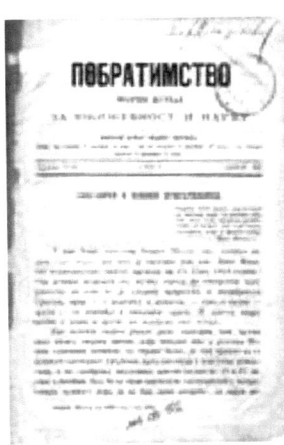

ПОБРАТИМСТВО – журнал за књижевност и науку, излазио је месечно. Рад у *Побратимству* био је уобичајен за све ђачке дружине – читање оригиналних и преведених састава, критике и дискусије поводом њих. Седамдесетих година дружина ђака Велике школе издала је свој алманах *Побратимство* са текстовима који су се највише односили на природне науке. Од тог времена па до краја 19. века *Побратимство* је више пута било суспендовано, обнављано или је само прекидало рад због учесталих расправа између чланова удружења. Најживљу активност удружење је имало 1891. године када је целе године објављивало свој часопис, *Побратимство*. У наредним годинама прекиди у раду су били све дужи.

КОЛО – лист за забаву и књижевност, излазио је у Београду од 1889. до 1892. године. Власник и уредник био је Данило А. Живаљевић. Обновљено је 1901. године и излазило до 1903. као књижевни и научни часопис. Тенденција часописа била је да зближава различите центре културног живота у југословенским земљама. Поред хрватске књижевности, лист је успео да и словеначку књижевност приближи српској читалачкој публици, а покушавао је то да учини и са бугарском. Великим бројем превода и књижевних оцена часопис се трудио да обухвати и све остале словенске књижевности. У другом периоду излажења, *Коло* објављује и радове из хуманистичких наука и неке махом популарне чланке из природних наука. Живаљевић је успео да *Колу* обезбеди сарадњу знатног броја истакнутих књижевника тог времена.

СРПСКИ АРХИВ ЗА ЦЕЛОКУПНО ЛЕКАРСТВО – Српски и научни орган Српског лекарског друштва, основао је др Владан Ђорђевић и био је уредник првог броја који је изашао 1874. године у Београду. У раду Архива долазило је до прекида у току ратова. До 1895. год. имао је два дела, први за „самосталан рад на лекарским наукама и њеним помоћницима", и други „за повремену изградњу целокупног система лекарства". Преуређен је 1895. год. под уредништвом Милана Јовановића Батута, и излазио је месечно са додатком *Народно здравље*, намењеним здравственом просвећивању народа. Обновљен је 1946. Лаза Лазаревић је у Архиву 1880. објавио *Ischias postica Cotunnii – један прилог за њену диференцијалну дијагнозу*, познат у српској медицини као Лазаревићев знак: „Тако ми се импрегнисао један симптом који је, по моме мишљењу, патогномичан, а који није нигде до сада поменут, иако сам га ја, чини ми се, тражио свуда где бих га могао наћи да га је ко пре мене опазио и забележио." Исти симптом је описао 1884. године француски клиничар Шарл Ернест Ласег. Међутим, многи познати лекари сматрају да приоритет припада Лази К. Лазаревићу.

Литература

Вуковић, Жарко: *Српско лекарско друштво 1872–2002*, Београд, 2002.
Вученов, Димитрије: „Понешто о структури Лазаревићеве приповетке 'Први пут с оцем на јутрење'", *О српским реалистима и њиховим претходницима*, Београд, 1970.
Вученов, Димитрије: *Трагом епохе реализма*, Крушевац, 1983.
Вучковић, Бранко: Свињарство у Србији у XXI веку, у: *Еурофармер, стручни часопис за пољопривреду*.
Глигорић, Велибор: „Лаза К. Лазаревић", *Српски реалист*, Београд, 1954.
Голубовић, Видоје: *Старе кафане Београда*, Београд, 2005.
Група аутора: *Прва београдска гимназија „Моша Пијаде" 1839–1989*, Београд, 1989.
Деретић, Јован: *Кратка историја српске књижевности*, Београд, 1987.
Димитријевић, Коста: *Романтично боемска Скадарлија*, Београд, 1997.
Добрашиновић, Голуб: „Прилог проучавању Лазе К. Лазаревића", *Прилози за књижевност, језик, историју и фолклор*, књ. XXIV, свеска 3–4, Београд, 1958.
Ђорђевић, Владан: „Лекар Др Л. К. Лазаревић: Беседа у српском лекарском друштву", *Отаџбина*, XXVII, св. 106, књ. XIII, XIV, 1891.
Ђорђевић, Владан: *Народна медицина у Срба*, Нови Сад, 1872.
Ђорић, Милош Н.: *Лаза К. Лазаревић : лекар и писац : медицинско-психолошки оглед*, Ниш, 1958.
Живаљевић, Данило А.: *Сећање на Лазу К. Лазаревића*, 1901.

Јефтић, Ања: „Приповедања Лазе Лазаревића", у: *Patriot online*, колумна *Српска књижевност 19. вијека*, чланак бр. 36.
Јовановић, Љубомир: „Лаза К. Лазаревић", *Приповетке Л. К. Лазаревића, св. 1*, Београд-Загреб, 1898.
Јовичић, Владимир: *Лаза Лазаревић*, Београд, 1966.
Караџић, Вук: *Црна Гора и Бока которска*, Београд, 1977.
Кашанин, Милан: „Светлост у приповеци (Лаза Лазаревић)", *Судбине и људи*, Београд, 1968.
Ковачевић, Божидар: „Лаза К. Лазаревић", *Сабрана дела* [Лазе К. Лазаревића], Београд, 1956.
Константиновић, Зоран: *Интертекстуална анализа Вертера Лазе Лазаревића*
Костић, Лаза: „Лаза К. Лазаревић", *Одабрана дела I*, Нови Сад–Београд, 1962.
Костић, Михајло: „Буковичка Бања II", у: *Географски годишњак*, бр. 2, Крагујевац, 1966.
Лазаревић, Лаза: *Изабрана дела*, Београд, 1976.
Лазаревић, Лаза К.: *Приповетке. Одломци. Писма*, Земун, 1991.
Лазаревић, Лаза: *Сабрана дела*, Београд, 1956.
Лазаревић, Лаза К.: *Целокупна дела*, прир. В. Недић и Б. Живојиновић, Београд, 1986.
Маринковић, Димитрије: *Друштвени живот у Београду 1848*.
Марковић, Светозар: „Србија на Истоку", *Целокупна дела Светозара Марковића*, књ. 8, Београд, 1995.
Матош, Антун Густав: „Лаза Лазаревић", *Фељтони и есеји о српским писцима*, Београд, 1952.
Милановић, Драгољуб: *Општина Аранђеловац*.
Најдановић, Милорад: *Српски реализам у XIX веку*, Београд, 1962.
Недић, Владан: „Писма Лазе Лазаревића Ватрославу Јагићу", *Прилози за књижевност, језик, историју и фолклор*, књ. XXXIV, свеска 1–2, Београд, 1968.
Недић, В. и Живојиновић, Б.: „Лаза К. Лазаревић"; *Целокупна дела, Медицински радови*, Београд, 1986.
Недић, Љубомир: „Лаза К. Лазаревић", *Критичке студије Д-ра Љубомира Недића*, књ. 1, Београд, 1910.
Николић, Милија: *Форме приповедања у уметничкој прози Лазе Лазаревића*, Београд, 1973.
Нушић, Бранислав: *Стари Београд*, Београд, 1984.
Павковић, Васа: *Доктор Батут против надрилекара*, Београд, 2006.

Пола века науке и технике у обновљеној Србији 1804–1854 (Реферати са научног скупа одржаног 25. и 26. октобра 1995), Крагујевац, 1996, стр. 570–579.

Први студенти из обновљене Србије на Универзитету у Берлину (1842–1853)

Продановић, Јаша: „Лаза Лазаревић", *Приповетке Лазе К. Лазаревића*, Београд, 1932.

Протић, Михаило Ф. и Павловић, Будимир Б.: „Од варошке амбулаторије до станице за хитну медицинску помоћ", у: *Хитна помоћ: Један век у Београду, 1904 – 2004*

Протић, Предраг: „Предговор"; Л. Лазаревић: *Приповетке*, Београд, 2001.

Раичевић, Горана: *Лаза Лазаревић јунак наших дана*, Нови Сад, 2007.

Савковић, Милош: „Лаза Лазаревић", *Огледи*, Београд, 1952.

Скерлић, Јован: „Лаза Лазаревић", *Књижевне студије*, Београд, 1934.

Скерлић, Јован: „Лаза К. Лазаревић", *Писци и књиге II*, Београд, 1922.

Скерлић, Јован: *Творци српске књижевности I*, Београд, 1995.

Српски летопис, књ. 114, Нови Сад, 1872, стр. 1–71. (Питања са скупа народне медецине, стр. 71–77. Прештампано, стр. 78.)

Српско наслеђе: Историјске свеске, бр. 9, септембар 1998.

Студенти из Србије и Црне Горе у Хајделбергу од 1870. до 1914. године, у: *Годишњак за друштвену историју*, год. II, св. 2, Београд, 1995.

Трговчевић, Љубинка: „Српска интелигенција у XIX веку – западни и источни утицаји", *Европа и Срби: Међународни научни скуп 13–15. децембар 1995*, Београд, 1996.

Трговчевић-Митровић, Љубинка: „Планирана елита: о студентима из Србије на европским универзитетима у 19. веку", у: *Службени гласник*, Београд, 2003.

Христић, Коста: *Записи старог Београђанина*, Београд, 1937.

Садржај

1. (Ауто)биографско у прози
   Лазе К. Лазаревића 7
2. Одраз друштвено-политичке ситуације и промена
   у Србији с краја XIX века у Лазаревићевом делу 10
3. Детињство Лазе Лазаревића и
   одлике патријархалне породице 17
4. Ликови родитеља 27
5. Отац Лазе Лазаревића 28
6. Коцка као мотив 38
7. Кућа Лазе Лазаревића 55
8. Мајка Лазе Лазаревића 62
9. Школовање Лазе Лазаревића 73
10. Медицински факултет у Берлину 92
11. *Швабица* 106
12. Деца Лазе Лазаревића 116
13. *На село* 118
14. *Вертер* 120
15. Кафане 126
16. Лаза Лазаревић: лекар и писац 139
16. Невербални акт 156
17. Надрилекарство 164
18. Лазаревић није прећутао оно што је
    мислио о свом добу и савременицима 169

19. Лазаревић као моралиста 176
20. Лазаревићев оптимизам 178
21. Смрт Лазе Лазаревића 183
22. Писма Лазе Лазаревића 193
23. Часописи и листови у којима је Лазаревић
    објављивао своја дела...201
24. Литература..205

CIP - Каталогизација у публикацији
Народна библиотека Србије, Београд

821.163.41.09-32 Лазаревић Л.
821.163.41:929 Лазаревић Л.

ЗЕЧЕВИЋ, Ивана, 1977-
 Аутобиографски трагови у прози Лазе К. Лазаревића / Ивана Зечевић. - Београд : Чигоја штампа : И. Зечевић, 2010 (Београд : Чигоја штампа). - 212 стр. : илустр. ; 23 cm

Тираж 200. - Напомене и библиографске референце уз текст. - Библиографија: стр. 207-209

ISBN 978-86-7558-735-4 (ЧШ)

a) Лазаревић, Лаза К. (1851-1890) - Проза - Мотиви
COBISS.SR-ID 175263500

www.ingramcontent.com/pod-product-compliance
Lightning Source LLC
Chambersburg PA
CBHW042055290426
44111CB00001B/16